Studies in
Contemporary Economics

Gerhard Illing

Geld und asymmetrische Information

Springer-Verlag
Berlin Heidelberg New York Tokyo 1985

Autor

Dr. Gerhard Illing
Seminar für empirische Wirtschaftsforschung
Volkswirtschaftliches Institut, Universität München
Ludwigstraße 28 RG, 8000 München 22, FRG

ISBN 978-3-540-13999-7 ISBN 978-3-642-86807-8 (eBook)
DOI 10.1007/978-3-642-86807-8

2142/3140 – 5 4 3 2 1 0

Vorwort

Meinem akademischen Lehrer, Professor Edwin von Böventer, gilt mein besonderer Dank für die wertvolle Unterstützung meines Forschungsprojektes, aber auch für die persönliche Ermunterung während des Entstehens der Arbeit. Auch Herrn Professor Hans Möller, der meine Arbeit mit kritischem Wohlwollen begleitet und gefördert hat, möchte ich herzlich danken. Schließlich habe ich von anregenden Diskussionen mit meinen Kollegen an der volkswirtschaftlichen Fakultät der Universität München sowie besonders mit meinem Freund Ulrich Zachau profitiert.

München, Oktober 1984

INHALTSVERZEICHNIS Seite

Einführung

Monetary economics is a mysterious subject.
Balasko/Shell (1981b)

Geldtheorie ist eine ideale Spielwiese zur Entwicklung unkonventioneller, zum Teil recht arbiträrer und kontroverser Überlegungen - dies deshalb, weil hier ein einheitliches, allgemein akzeptiertes Paradigma fehlt - im Gegensatz etwa zur mikroökonomischen Theorie des allgemeinen Gleichgewichts.
Um die Beliebigkeit geldtheoretischer Ausssagen einzuschränken, liegt es nahe, Geld einzubinden in das exakt definierte Modell allgemeinen Gleichgewichts, das auf der Beschreibung expliziter Verhaltenskalküle beruht. In der traditionellen Gleichgewichtstheorie jedoch ist kein Platz für Geldhaltung, weil dort alle Kontrakte bereits in der Anfangsperiode verbindlich festgelegt sind. Ziel dieser Arbeit ist es, das Modell des allgemeinen Gleichgewichts in einer Weise zu modifizieren, die eine ökonomische Funktion für das Medium Geld begründet.

Das Gut Geld weist freilich besondere Eigenschaften auf, die eine Integration in ein Gleichgewichtsmodell sehr schwer machen (Geld als ein Stück Papier bringt beispielsweise keinen unabhängigen Nutzen; sein Nutzen leitet sich vielmehr aus den Gütern ab, die damit erworben werden können). Angesichts dieser Schwierigkeiten verzichten viele Arbeiten darauf, Geldhaltung im Rahmen eines interdependenten Systems individueller Optimierungskalküle abzuleiten und bauen statt dessen eine ad hoc postulierte Geldnachfragefunktion in die traditionellen Modelle ein.
Ein solches Vorgehen mag zur Beantwortung einer Reihe von Fragen der Geldtheorie gerechtfertigt sein; es hat aber zum einen den Nachteil, daß es dem Anspruch, ökonomische Theorie auf individuellem Optimierungsverhalten aufzubauen, nicht gerecht wird; zum anderen (ein wohl schwerwiegenderes Argument) besteht die Gefahr, daß bestimmte aus einem derartigen Verfahren abgeleitete Ergebnisse deshalb irrelevant sind, weil sie gerade die Ursachen für die Existenz von Geld außer Acht lassen.

Aus diesen Gründen gibt es gegenwärtig eine Vielzahl von Versuchen,

Geld in Modellen zu analysieren, die von ähnlicher Präzision sind wie die traditionelle Gleichgewichtstheorie. Damit Geldhaltung in einem solchen Rahmen behandelt werden kann, ist es erforderlich, gewisse Friktionen zu modellieren, die verhindern, daß das traditionelle Gleichgewichtsmodell funktioniert. Eine entscheidende Frage ist dabei, wieso bestimmte bindende Kontrakte nicht zustandekommen.

Dieser Erkenntnis verdankt das Modell überlappender Generationen heute eine starke Popularität. In ihm ist es aus einem recht natürlichen Grund (zukünftige Generationen als Vertragspartner sind heute noch nicht geboren) nicht möglich, verschiedene Kontrakte abzuschließen. Als Geldmodell ist der Ansatz überlappender Generationen allerdings auch umstritten. Restriktive Annahmen müssen sicherstellen, daß Geld einen positiven Preis besitzt, und verhindern die Analyse bestimmter Fragestellungen; wesentliche Aspekte des Phänomens Geld können somit nicht erfaßt werden.

Die vorliegende Arbeit versucht in einem alternativen Ansatz, Geldhaltung aus Informationsasysmmetrien abzuleiten. Ausgangspunkt ist die Überlegung, daß Informationsproblemen als Friktionen eine entscheidende Bedeutung beim Verständnis von Geld zukommt.
Der Kerngedanke dieser Arbeit, der im ersten Kapitel von Teil 2 (dem zentralen Kapitel der Arbeit) ausführlich entwickelt wird, läßt sich folgendermaßen zusammenfassen: wenn Haushalte die Realisation von individuellen Zufallsvariablen (ihre Erstausstattung je Periode) nur jeweils selbst beobachten können, andere dagegen zur Verifikation Informationskosten aufbringen müssen, ist ein Risikoaustausch im Sinne der Arrow-Debreu-Theorie nicht möglich: ohne Verifikation besteht kein Anreiz, wahre Angaben über die individuell beobachteten Realisationen zu machen; da Verifikation aber kostspielig ist, ist es für einen Haushalt optimal, sich nur gegen niedrige Realisationen zu versichern.

In einem intertemporalen Kalkül ist es nun vorteilhaft, Geld als Substitut für kostspielige Versicherung zu halten. Bei abnehmender absoluter Risikoaversion reduziert sich dann die Versicherungsregion. Geld ermöglicht damit einen Wohlfahrtsgewinn im Sinne einer Ersparnis an Verifikationskosten. In jeder Periode stehen Haushalte mit zufällig hoher Erstausstattung, die Geld als Wertanlage nachfragen, solchen Haushalten gegenüber, die Geld anbieten, um es wegen einer niedrigen Realisation ihrer Erstausstattung in Konsumgüter zu tauschen.

Eine nähere Analyse zeigt eine interessante formale Verwandtschaft von Geld und langfristigen Bindungen, die durch Belohnung und Strafe Anreizverträglichkeit ermöglichen können. Geld hat dabei gegenüber letzterem den Vorteil größerer Flexibilität.

Der hier gewählte Ansatz hat den Vorzug, die Friktionen, die die Institution Geld erforderlich machen, explizit zu beschreiben und so durch den Vergleich mit einem Gleichgewicht ohne Geld dessen Beitrag zur Überwindung der Friktionen deutlich werden zu lassen. Die Stärke dieses Ansatzes illustriert auch die Diskussion der Theorie der optimalen Geldmenge (Kapitel 2.2.): Da die Friktionen genau definiert sind, sind auch die Restriktionen an einen zentralen Planer, der eine optimale Geldmenge realisieren soll, wohldefiniert.
Zur Finanzierung der Zinserträge auf Geldhaltung (entweder über explizite Zinszahlungen auf Geldhaltung oder mit Hilfe einer Reduktion der Geldmenge) sind Steuern erforderlich. Da aber der Planer den gleichen Beschränkungen unterworfen ist, also ebenfalls die Realisationen der individuellen Erstausstattung der Haushalte nicht beobachten kann, kann er keine Kopfsteuern erheben; auch er muß also die Verifikationskosten aufbringen. Er ist daher nicht in der Lage, einen optimalen Realertrag auf Geldhaltung in Höhe der Zeitpräferenzrate zu ermöglichen. Geld kann keine First-Best-Allokation verwirklichen; gerade die Friktionen, die Geld erst nötig machen, verhindern das Verwirklichen solcher Allokationen.

In Kapitel 2.3. wird anhand intuitiver Argumente verdeutlicht, daß das Grundprinzip (Friktionen aufgrund asymmetrischer Information) auch mit Erfolg auf die Wahl zwischen verschiedenen Wertanlagemöglichkeiten angewendet werden kann und damit hilfreich für das Verständnis von Geldproblemen überhaupt ist.

Kapitel 2.4. schließlich vergleicht den in dieser Arbeit formulierten Ansatz mit anderen Modellen, die Geld ebenfalls durch die Formulierung bestimmter Friktionen in einem allgemeinen Gleichgewichtsmodell zu fundieren suchen. Es wird sich dabei zeigen, daß der hier entwickelte Ansatz in der Lage ist, zu klären, weshalb das Geldmodell von Bewley zu anderen Resultaten führt als Ansätze mit Transaktionskosten: Durch die oben skizzierten Überlegungen kann motiviert werden, warum es im Modell von Bewley unmöglich ist, eine optimale Geldhaltung a la Friedman zu realisieren. In Transaktionskostenmodellen dagegen werden die

Ergebnisse der Theorie der optimalen Geldmenge nur deshalb bestätigt, weil keine entsprechenden Restriktionen an die zentrale Planungsinstanz formuliert sind.

Die Entwicklung neuer Kommunikations- und Informationstechnologien läßt bereits heute einen drastischen Wandel in der Form der Transaktionsmodalitäten erkennen. Dies wird in der Zukunft entscheidenden Einfluß auch auf das Verständnis von Geldpolitik haben (etwa in Bezug auf die Funktion von Banken und auf die Frage der Definition der Geldmenge). Teil 3 der Arbeit versucht zu illustrieren, daß der Aspekt der Informationskosten auch in diesem Bereich interessante Erkenntnisse liefern kann. Die Argumentation erfolgt dort allerdings nicht anhand eines geschlossenen Modells des Bankensektors; vielmehr werden für verschiedene konkrete Fragestellungen jeweils spezifische Modelle dargestellt und diskutiert. Auch hier zeigt sich, daß Schlußfolgerungen aus dem friktionslosen Gleichgewichtsmodell mit perfekten Märkten nur von sehr beschränkter Gültigkeit sind.

Die in den Teilen 2 und 3 behandelten Aspekte unterscheiden sich von der traditionellen Gleichgewichtstheorie grundsätzlich dadurch, daß nicht bereits in der ersten Periode eine vollständige Menge von Märkten existiert. Tausch findet also sequentiell statt. Die Theorie von Sequenzökonomien bei rationalen Erwartungen ist eine relativ junge Forschungsrichtung, die in den letzten Jahren große Fortschritte gemacht hat. Bislang fehlt jedoch eine zusammenfassende Darstellung ihrer Ergebnisse.
Teil 1 bietet daher als Einführung in die später verwendete Methoden einen Überblick über diese neueren Entwicklungen. Schwerpunkte dieses Teiles sind eine Diskussion der Effizienzeigenschaften von Sequenzökonomien und der Schwierigkeiten, die die Einbeziehung von Produktion in diesen Ansatz bereitet (Kapitel 1.2.), sowie (in Kapitel 1.3.) die Überlegung, wie sich die Unvollständigkeit von Marktsystemen aus asymmetrischer Information und den damit verbundenen Beschränkungen auf anreizverträgliche Kontrakte begründen läßt.

1. Modelltheoretische Grundlagen

> Sherlock Holmes once maintained to the dim-witted local police inspector so typical of English detective stories that the significant question in the case at hand was the dog's barking at night. "But", said the inspector, "the dog didn't bark." "That," said Holmes, is what is significant." So too is the absence of these markets (for contingent future goods, G.I.) for a full neoclassical theory.
>
> Arrow (1974)

Geld und Banken werden in dieser Arbeit interpretiert als Instrumente zur Überwindung von Unvollkommenheiten, die sich daraus ergeben, daß aufgrund gewisser Friktionen nicht eine vollständige Menge von kontingenten Zukunftsmärkten besteht. Tausch findet sequentiell statt. Die Analyse von Sequenzökonomien führt zu einer Vielzahl interessanter, technisch aber recht komplexer und schwer handhabbarer Fragestellungen, die in den letzten zehn Jahren in einer Reihe bemerkenswerter Arbeiten untersucht worden sind. Da deren Kenntnis zum Verständnis der in den späteren Teilen entwickelten Gedanken wichtig ist, werden im folgenden die Grundzüge dieser Arbeiten referiert.

Die entsprechende Literatur ist sehr technisch, und mitunter besteht die Gefahr, daß in dem Bemühen um eine präzise Formalisierung die zentralen Ideen in den Hintergrund treten. Hier wird der umgekehrte Weg gewählt und auf eine möglichst allgemeine theoretische Darstellung mit exakten mathematischen Beweisen verzichtet. Die Argumentation erfolgt statt dessen im Interesse einer mehr intuitiven Einführung anhand einfacher Beispiele. Dabei werden bewußt die technischen Schwierigkeiten vernachlässigt, weil die entsprechenden Beweise jeweils in der zitierten Literatur nachgelesen werden können.

Zunächst geht es darum, die Verwendung der Technik der Gleichgewichtsanalyse mit rationalen Erwartungen zu motivieren. Kapitel 1.2. beschreibt dann das Grundmodell einer Sequenzökonomie mit reinem Tausch und untersucht dessen Effizienzeigenschaften im Vergleich zu dem Standardmodell mit einer vollständigen Menge von Märkten. Dabei geht es insbesondere um die Frage, ob Sequenzökonomien in einem beschränkten Sinn effizient sind. Anschließend werden die besonderen Probleme beschrieben, die sich der Produktionstheorie im Rahmen von

Sequenzökonomien stellen: So ist nicht eindeutig, welches Ziel ein Unternehmen bei unvollständigen Märkten verfolgen soll. Die bisher verfügbaren Antworten dazu sind nicht unbedingt ermutigend.

Die in Kapitel 1.2. beschriebene Theorie versucht Aussagen über unvollständige Marktssysteme zu machen ohne Kenntnis über die Ursachen dieser Unvollständigkeit. Wie asymmetrische Information das Zustandekommen vieler Märkte verhindert und sich aus ihr endogen die Zahl zulässiger Märkte bestimmen läßt, ist Gegenstand des letzten Kapitels von Teil 1. Die dort skizzierten allgemeinen Überlegungen werden dann in den Teilen 2 und 3 auf die jeweilige konkrete Fragestellung bezogen, ausgehend von der Überlegung, daß Geld und Banken sich als Antwort auf Probleme asymmetrischer Information verstehen lassen.

1.1. Gleichgewichtstheorie und rationale Erwartungen

Eine der zentralen Fragestellungen der Walrasianischen Gleichgewichtstheorie läßt sich so beschreiben: kann eine Wettbewerbsökonomie, bestehend aus einer Vielzahl unterschiedlicher Individuen, deren Handlungen jeweils von bewußtem Eigeninteresse geleitet sind (formalisiert durch individuelle Optimierungskalküle), zu etwas anderem als Chaos führen? Die beiden Fundamentaltheoreme der Wohlfahrtstheorie geben darauf die bemerkenswerte Antwort:[1)]

1. Jedes Walras-Gleichgewicht ist Pareto-effizient.

2. Unter bestimmten Bedingungen läßt sich bei entsprechender Umverteilung der Anfangsausstattung jede Pareto-effiziente Allokation dezentral über ein Preissystem realisieren.

Diese Theoreme wurden zunächst unter recht restriktiven Annahmen abgeleitet. Doch in einer bemerkenswerten intellektuellen Leistung wurde seit den fünfziger Jahren das Grundmodell von Walras in zahlreichen Arbeiten präzise fundiert, fortentwickelt und verallgemeinert.
Dabei gelang es, die Bedingungen für die Existenz eines Walras-Gleichgewichts (als Voraussetzung dafür, daß die erste Aussage nicht leer ist) und für die Dezentralisierung Pareto-effizienter Allokationen immer mehr abzuschwächen. Es zeigte sich, daß man auf viele der ursprünglichen Annahmen verzichten kann: so bereiten etwa in großen Ökonomien nicht-konvexe Präferenzen ebensowenig Probleme wie Nichtkonvexitäten im Produktionsbereich, sofern diese relativ zur Gesamtökonomie klein sind.

Ein Hauptgrund für die starke Faszination, die dieses Gedankengebäude ausübt, ist sicherlich gerade die Flexibilität des Rahmens. In einer geschickten Uminterpretation des Ansatzes von Walras haben beispielsweise Kenneth Arrow (1963) und Gerard Debreu (1959) gezeigt, daß auch das Einbeziehen von Zeit und Unsicherheit formal keinerlei Schwierigkeiten bereitet: durch eine geeignete Erweiterung des Güterraumes läßt sich für jedes physische Gut zu jedem Zeitpunkt und zu jedem (exogenen) Zustand der Welt ein eigener Markt definieren. Zum Anfangszeitpunkt bilden sich kontingente Preise für alle denkbaren Zustände der Welt; Unsicherheit der Konsumenten besteht nur noch darin, welcher Zustand sich realisieren wird, nicht in der Reaktion der Marktpartner.

Die Anstöße, die Arrow und Debreu zur Fortentwicklung des Grundmodells lieferten, waren von so zentraler Bedeutung, daß sich allgemein der Begriff "Arrow-Debreu-Welt" für dieses Gedankengebäude durchgesetzt hat. Die Arrow-Debreu-Theorie kann wohl ohne Einschränkung als das heute am besten verstandene Modell der ökonomischen Theorie angesehen werden.
Trotz ihres hohen Abstraktionsgrades liefert sie einige starke, wirtschaftspolitisch relevante Aussagen; sie gibt hinreichende Bedingungen dafür an, daß in einer Welt mit Unsicherheit im Zeitablauf die oben erwähnten Theoreme der Wohlfahrtstheorie gelten. Eine wesentliche Bedingung ist etwa die Existenz einer vollständigen Menge von Zukunfts- und Risikomärkten.

Diese zauberhafte Arrow-Debreu-Welt weist jedoch einige seltsame Charakteristika auf, die mit einer Reihe von zentralen Phänomenen der Realität nur schwer vereinbar sind: da alle Kontrakte am Anfang (zu Beginn der Welt) bereits bestimmt werden, sind nur die Märkte zum Anfangszeitpunkt aktiv; später findet keine Preisbildung mehr statt - es werden nur die vorher vereinbarten Transaktionen ausgeführt. Dementsprechend besteht keinerlei Veranlassung, Geld zu halten. Im Rahmen dieses Modells ist es also nicht möglich, Geld einzubeziehen.
Ebenso sind Finanzintermediäre wie Banken und Versicherungen in dieser Welt überflüssig: Alle Transaktionen werden direkt (oder über einen nicht explizit modellierten Walrasianischen Auktionator) abgewickelt.

Weil wegen des vollständigen Preissystems der Gegenwartswert jedes möglichen Produktionsplanes eindeutig definiert ist, können die Wirtschaftssubjekte in der Bewertung von Unternehmen nicht divergieren: der Wert eines Produktionsplanes ist für alle Marktteilnehmer gleich, Aktienmärkte sind also unnötig. Aus dem selben Grund finden Bankrotte ganz einfach nicht statt; das Risikoverhalten von Produzenten ist irrelevant.[2)]

All diese Punkte haben gerade diejenigen, die selber das Modell mitformulierten und mitentwickelten, zu großer Vorsicht bei der Interpretation der Gültigkeit seiner Aussagen veranlaßt. In der Tat sieht sich dieser Ansatz einer entscheidenden intellektuellen Herausforderung gegenüber, die in dem einleitenden Zitat von Arrow angedeutet wird: Bei einer vollständigen Menge von kontingenten Zukunftsmärkten (Arrow-Debreu-Welt) ist ein Marktgleichgewicht effizient, und jede effiziente Allokation weist keine essentiellen Unterschiede zur Arrow-Debreu-Welt auf. Andrerseits verfügt eine Welt ohne vollständige Menge von Märkten im allgemeinen, wie sich leicht zeigen läßt (vgl. Kapitel 1.2.), nicht über solche Effizienzeigenschaften. Weshalb aber beobachtet man dann in der Realität nicht ein vollständiges Marktsystem?

Anders formuliert: falls es zutrifft, daß Wirtschaftssubjekte alle Möglichkeiten nutzen, um gegenseitige Vorteile wahrzunehmen, demnach kein Zustand dauerhaft bestehen bleibt, solange derartige Möglichkeiten vorhanden sind (ein Hauptargument, um die Beschäftigung mit Gleichgewichtszuständen zu rechtfertigen), dann kann die Arrow-Debreu-Welt nicht das adäquate Instrument zur Untersuchung von Allokationsproblemen sein. Es muß gewisse Friktionen geben, die diese beeindruckende Konstruktion funktionsunfähig machen und zu solchen Phänomenen wie aktiven Märkten zu verschiedenen Zeitpunkten, Geldhaltung etc. führen.
Die Notwendigkeit, Geld zu halten, etwa ist gerade ein Indiz für die Nichtanwendbarkeit der Modellaussagen: eine Welt, in der das Halten von Geld - als einem Gut, das keinen Wert an sich besitzt, dessen Wert sich vielmehr ableitet aus dem, was man dafür kaufen kann - rational begründbar ist, muß nämlich ganz andere Eigenschaften aufweisen. Notwendige Voraussetzung sind aktive Märkte zu verschiedenen Zeitpunkten, somit eine Folge von Budgetrestriktionen. Eine Hauptaufgabe dieser Arbeit liegt darin, Friktionen zu begründen, die zu einem unvollständigen Marktsystem und einer Folge von Budgetrestriktionen führen, und die daraus folgenden Konsequenzen (etwa Geldhaltung) zu analysieren.

Das Arrow-Debreu-Modell wird damit keineswegs wertlos. Es beschreibt vielmehr relativ zum Effizienzkriterium die besten aller denkbaren Welten (ohne jegliche Friktionen), gibt exakte (hinreichende) Bedingungen für die Fundamentaltheoreme der Wohlfahrtstheorie und erleichtert so die Suche nach Gründen dafür, weshalb die tatsächliche Welt nicht zu den besten aller denkbaren gehört.
Der Vergleich mit diesem Referenzsystem ist gerade ein höchst fruchtbarer Weg, um zu verstehen, welche Friktionen ursächlich für das Phänomen Geld sein können und wie das Modell modifiziert werden muß, um Geldhaltung mit rationalem Verhalten vereinbar zu machen. Die

explizite Beschreibung solcher Friktionen macht es dann möglich, zu fragen, ob - gegeben die Unabänderlichkeit der daraus folgenden Restriktionen - eine Wettbewerbsallokation zu den besten aller möglichen Welten zählt (das heißt also, ob ein solches monetäres Wettbewerbsgleichgewicht Pareto-effizient in einem beschränkten Sinn sein kann).[3)]

Diese Arbeit wird dementsprechend versuchen, das Gleichgewichtsmodell durch das Einbeziehen von Friktionen, die vollständige Märkte unmöglich machen und zu sequentiellen Budgetrestriktionen führen, so zu modifizieren, daß Geld in die Analyse mit einbezogen werden kann.

Die Beschränkung auf gleichgewichtstheoretische Modelle erfolgt aus mehreren Gründen:

- Gleichgewichtstheorie ist ein wohlverstandenes Konzept. Es erlaubt, in einem in sich geschlossenen Modell mit einer einfachen, wenn auch mathematisch komplexen Grundstruktur Marktinterdependenzen zu untersuchen.
- Die verfügbaren Techniken zur Analyse eines konsistenten Zusammenspiels individueller Entscheidungen, die auf explizitem Optimierungskalkül beruhen, sind hoch entwickelt und erlauben es, präzise Fragen zu stellen und zu beantworten.
- Im Gegensatz dazu sind Versuche, Ungleichgewichtsmodelle mit entscheidungstheoretischer Fundierung von ähnlicher Präzision zu entwerfen, bisher unbefriedigend geblieben.

Eine Technik nur deshalb zu verwenden, weil sie handhabbar ist, wäre Unsinn, wenn entscheidende Probleme damit gar nicht erfaßt werden könnten. Doch wird sich im Lauf der Arbeit zeigen, daß die Gleichgewichtsanalyse als Organisationsprinzip wesentlich zum Verständnis zentraler Phänomene der Realität beitragen kann -zumindest solange man sich ihrer Grenzen bewußt bleibt.

Sind Märkte zu verschiedenen Zeitpunkten aktiv, so stellt sich zwangsläufig die Frage, wie die Erwartungen von Wirtschaftssubjekten über künftige Marktdaten modelliert werden sollen. Denn nun besteht Unsicherheit nicht mehr allein darüber, welcher Zustand der Welt sich realisieren wird, sondern beispielsweise auch über die in künftigen Perioden herrschenden Preise. In der ökonomischen Theorie zählt die Modellierung von Erwartungen zu den schwierigsten und umstrittensten Fragen; es gibt eine Vielzahl unterschiedlicher Lösungsansätze.

So könnte man zunächst einmal bei der Betrachtung einer Periode jedem Wirtschaftssubjekt ad hoc arbiträr gegebene Erwartungen unterstellen, ohne diese irgendwie abzuleiten, und dann untersuchen, ob die sich ergebenden Pläne aller Wirtschaftssubjekte miteinander kompatibel sind. Ein derartiges Vorgehen, in der Theorie temporärer Gleichgewichte allgemein üblich,[4] erweist sich für die in dieser Arbeit zu diskutierenden Fragen aus mehreren Gründen als unzureichend:
Ein daraus resultierendes Gleichgewicht kann im allgemeinen nicht effizient sein, da die Handlungen der Wirtschaftssubjekte auf Preiserwartungen beruhen, die sich in der Regel als nicht korrekt erweisen werden. Damit ist von vorneherein eine Untersuchung von Effizienzeigenschaften unmöglich. Zudem: mag diese Methode bei der Betrachtung kurzfristiger Gleichgewichte vielleicht adäquat sein, so ist sie auf jeden Fall für eine längerfristige Betrachtung ungeeignet, wenn man davon ausgeht, daß Erwartungen, die sich als falsch erweisen, zumindest im Lauf der Zeit korrigiert werden.

Ein überzeugender Ansatz müßte diesen Überlegungen zufolge - ausgehend von einer genauen Spezifizierung der anfangs zur Verfügung stehenden Informationen - explizit den dynamischen Prozeß der Erwartungsbildung modellieren (also die Korrektur bisheriger Erwartungen im Licht neuer Beobachtungen, neuer ökonomischer Informationen). Bedauerlicherweise gibt es (bisher jedenfalls) keine einfachen, leicht handhabbaren Modelle zur Abbildung derartiger Lernprozesse. Vielmehr führt die Formalisierung auch nur einfachster Lernprozesse zu solch komplexen, kaum mehr lösbaren Formeln, daß dadurch der Blick auf die ursprüngliche Fragestellung häufig verwehrt wird.

Daher ist es sinnvoll, sich erst einmal - ganz im Sinne und in der Tradition der Gleichgewichtstheorie - auf die Frage zu bechränken, welche Aussagen für den Fall abgeleitet werden können, daß derartige Anpassungsvorgänge keine Rolle mehr spielen, daß also der Lernprozeß beendet ist: Ihre Erwartungen über die Wahrscheinlichkeitsverteilung von ökonomischen Variablen (z.B. Preise) veranlassen dann die Wirtschaftssubjekte zu Plänen und Handlungen, die eben diese erwartete

Wahrscheinlichkeitsverteilung auch tatsächlich generieren. Somit werden die Erwartungen nicht enttäuscht, sondern bestätigen sich vielmehr von selbst.
Diese Forschungsstrategie, die vor allem in makroökonomischen Modellen inzwischen hohe Popularität besitzt, wurde in der mikroökonomischen Theorie von Roy Radner (1972) formuliert als "Gleichgewicht von Plänen, Preisen und Erwartungen" (equilibrium of plans, prices and expectations). Sie wird auch in dieser Arbeit durchwegs verwendet. Rationale Erwartungen bedeuten hier ganz einfach, daß die erwarteten (kontingenten) Preise in zukünftigen Perioden sich auch tatsächlich realisieren. Anders formuliert: die Wirtschaftssubjekte haben vollständige Voraussicht über die sich später in verschiedenen Zuständen der Welt bildenden Gleichgewichtspreise.

Die Anwendung dieser Technik bedeutet freilich keineswegs den Anspruch, damit ein realistisches Abbild der Wirklichkeit zu liefern. Der Vorzug von Modellen mit rationalen Erwartungen besteht vielmehr darin, ad-hoc Annahmen über die Erwartungsbildung zu vermeiden: Wenn Erwartungen, die sich nicht bestätigen, zumindest auf lange Sicht korrigiert werden, ist es mangels adäquater dynamischer Instrumente eine sinnvolle Arbeitshypothese, in einer Art Kurzschluß Zustände zu betrachten, in denen der Lernprozeß bereits abgeschlossen ist, solche Korrekturen nicht mehr erforderlich sind. Strenggenommen bedeutet das natürlich eine Beschränkung auf Ökonomien, die in irgendeinem Sinne stationär sind.

Gewiß wäre es eleganter, ein Gleichgewicht bei rationalen Erwartungen als Endzustand eines dynamischen Prozesses der Erwartungsbildung (zumindest bei Abwesenheit von Informationskosten) abzuleiten. Bisherige Versuche in dieser Richtung verliefen wenig ermutigend und bedürfen weiterer Forschung.[5)] Doch selbst wenn sich dies überhaupt nicht durchführen ließe, kann man die Analyse von Modellen rationaler Erwartungen als eine Forschungsstrategie rechtfertigen, die es erlaubt, klar herauszuarbeiten, welche Aussagen möglich sind, wenn keine Störungen durch falsche Erwartungen auftreten, und so zu analysieren, ob sich gewisse ökonomische Phänomene nur aufgrund falscher Erwartungen ergeben.

So wäre der gewählte Ansatz sicher fehlspezifiziert, wenn etwa die Institution Geld allein auf kurzfristige Anpassungsprobleme zurückzu-

führen wäre. Die Forschungsstrategie, sich auf ein Gleichgewichtsmodell mit rationalen Erwartungen zu konzentrieren, weil es eine in sich logisch geschlossene, simple Grundstruktur aufweist und sich einer hochentwickelten und überschaubaren Technik (nämlich der Gleichgewichtstheorie) bedient, wäre dann völlig verfehlt.
Nun besteht gewiß die Gefahr, "... to be far too serious and sophisticated in models that we can handle but that also happen to miss most of what is interesting" (Frank Hahn, 1982, S. 29). Doch wie im Lauf der Arbeit gezeigt werden soll, lassen sich gerade aus einer Analyse, die rationale Erwartungen als Hilfsmittel verwendet, zentrale Erkenntnisse über das Phänomen Geld gewinnen. Die wohlverstandene Technik der Gleichgewichtsanalyse liefert wesentliche Einblicke zum Verständnis entscheidener Aspekte. Damit ist keinesfalls impliziert, daß die erwähnten Anpassungsprobleme aufgrund falscher Erwartungen unbedeutend seien; behauptet wird jedoch, daß sie zum Begreifen der Phänomens Geld nicht von grundlegender Bedeutung sind.[6]

Die Beschränkung auf Gleichgewichte bei rationalen Erwartungen läßt sich allerdings nur dann rechtfertigen, wenn bei der Interpretation der Ergebnisse erhebliche Sorgfalt angewandt wird. Dazu nur zwei Anmerkungen:

Gleichgewichtsanalyse klammert kurzfristige Phänomene (Anpassungsprobleme) aus, kann daher naturgemäß darüber keine Aussagen machen. Alle Versuche, wirtschaftspolitische Empfehlungen zur Überwindung kurzfristiger Probleme aus Modellen mit rationalen Erwartungen abzuleiten, sind somit einem starken Vorbehalt unterworfen: Wenn eine Theorie bestimmte Aspekte ausdrücklich ausklammert, kann sie wohl kaum zu deren Verständnis beitragen.
Sollte sich erweisen, daß Gleichgewichte bei rationalen Erwartungen in einem beschränkten Sinn Pareto-effizient sind, ist damit keine Aussage über die Effizienz von Wettbewerbsökonomien impliziert. Nach dem Verständnis vieler Wettbewerbstheoretiker liegt ein Vorteil dezentraler Allokationsprozesse (im Vergleich zu einer Planungslösung) in den geringen informationsmäßigen Anforderungen: Preise reichen als Informationssignale aus. In einem rationalen Erwartungs-Gleichgewicht ist aber jeweils nur eine Teilmenge aller Preise bekannt, während die übrigen nur in der Vorstellung der Wirtschaftssubjekte bestehen; diese müssen sich also den Großteil der Informationen selbst beschaffen.

1.2. Sequenzökonomien

Geldhaltung kann nicht rational sein, wenn alle Kontrakte zu einem Zeitpunkt vereinbart werden und dann nur mehr die vorher bereits festgelegten Transaktionen abgewickelt werden. Aktive Märkte zu verschiedenen Zeitpunkten (und damit implizit eine Sequenz von Budgetrestriktionen) sind somit eine notwendige Voraussetzung für jede Modellierung einer Geldwirtschaft.

Solche aktiven Märkte lassen sich leicht begründen, wenn man von der Annahme der Arrow-Debreu-Theorie, es bestehe ein vollständiges System von kontingenten Märkten, abgeht, wenn also am Anfang nur ein Teil aller Märkte aktiv ist. Der Verzicht auf das Postulat eines vollständigen Marktsystems führt jedoch zu erheblichen theoretischen Schwierigkeiten. Zunächst stellt sich die Frage, welche Friktionen verhindern, daß bereits am Anfang für alle Güter Kontrakte abgeschlossen werden, und wie sich begründen läßt, welche Märkte jeweils aktiv sind.

Im Teil 2 der Arbeit wird versucht, Geldhaltung in einem Modell abzuleiten, in dem wegen asymmetrischer Information nur bestimmte Kontrakte zustande kommen können; die Zahl der Kontrakte wird aus expliziten Friktionen endogen bestimmt. Zuvor soll in diesem Abschnitt geklärt werden, welche besonderen Probleme für die theoretische Analyse sich aus der Unvollständigkeit des Marktsystems ergeben - abgesehen von der Modellierung der Erwartungsbildung, die hier durch die Hypothese rationaler Erwartungen gelöst wird.

Dazu erweist es sich als zweckmäßig, zunächst einmal von einer vorgegebenen Menge aktiver Märkte auszugehen, ohne zu begründen, warum bestimmte Märkte nicht aktiv sind. In den letzten zehn Jahren wurde - ausgehend von der Arbeit von Roy Radner (1972) - dazu ein allgemeines Konzept entwickelt, das flexibel genug ist, alle möglichen Marktstrukturen einzuschließen. Entscheidende Anstöße lieferten insbesondere Oliver Hart (1975) und Douglas Gale (1982). Der Ansatz hat das Verständnis der Theorie unvollständiger Marktsysteme wesentlich erweitert und zur Klärung wichtiger Fragen beigetragen.

Dazu gehören etwa folgende Themen: Welche Märkte müssen auch bei rationalen Erwartungen mindestens vorhanden sein, um eine effiziente

Allokation im Sinne von Arrow und Debreu zu ermöglichen? Welche Aussagen über die Effizienzeigenschaften eines Gleichgewichtes bei rationalen Erwartungen sind möglich, wenn man die Marktstruktur als gegeben unterstellt, ohne die Ursachen für die Unvollständigkeit zu kennen? Welchen Beschränkungen müßte ein Planer unterworfen sein, um zu analogen Allokationen zu gelangen?

Im folgenden soll kein umfassender Literaturüberblick gegeben werden. Es geht vielmehr darum, als Vorbereitung für das im Teil 2 zu entwickelnde, relativ spezielle Modell die auftretenden Probleme klar herauszuarbeiten, um insbesondere zu motivieren, warum einige der hier angesprochenen Aspekte später nicht mehr in die Analyse einbezogen werden.

1.2.1. Unvollständige Marktsysteme in einer Tauschwirtschaft

Das Grundmodell läßt sich einfach beschreiben: eine Tauschwirtschaft mit G physisch verschiedenen Gütern g erstreckt sich über T Perioden. Unsicherheit besteht darüber, welcher Zustand s aus einer Menge S von möglichen Zuständen der Welt sich realisieren wird (Die Anzahl aller Zustände sei ebenfalls mit S bezeichnet). Dabei ist ein Zustand der Welt zu verstehen als eine bestimmte Realisation exogener Zufallsvariablen über T Perioden.

Die Wirtschaftssubjekte lernen im Lauf der Zeit hinzu: Während sie zu Beginn (Periode 1) keinerlei Kenntnis haben, welcher Zustand sich realisieren könnte (informations-theoretisch: sie haben die gröbste Zerlegung über den Wahrscheinlichkeitsraum S), wissen sie am Ende (Periode T) genau, welcher Zustand sich realisiert hat. (Zunächst wird davon ausgegangen, daß alle Wirtschaftssubjekte über die gleiche Informationsstruktur verfügen; es gibt keine private Information). Die Informationsstruktur ist als ein Ereignisbaum darstellbar (vgl. Debreu (1959), S. 98 ff.):

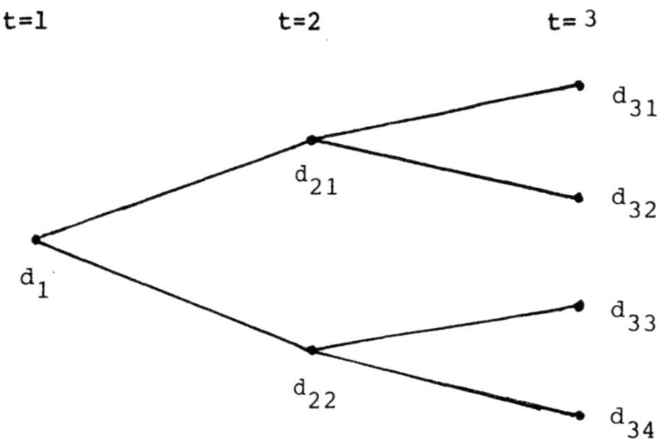

Ereignisbaum
Abbildung 1.1.

In Abbildung 1.1. gibt es vier mögliche Zustände der Welt. Erst in der letzten Periode (t = T = 3) ist der Zustand vollständig bekannt. Im Lauf der Zeit treten bestimmte Ereignisse ein (bezeichnet mit $d_{te} \varepsilon D$ mit D als der Menge aller Ereignisse, wobei d als das Ereignis e zum Zeitpunkt t zu verstehen ist), die den Wirtschaftssubjekten die Information geben, daß der wahre Zustand s ein Element des Ereignisses d_{te} sein muß.
Am Anfang (t = 1) ist dies Ereignis der gesamte Wahrscheinlichkeitsraum (er läßt sich nicht in kleinere Teilereignisse zerlegen). In der folgenden Periode verfügen die Wirtschaftssubjekte über eine feinere Zerlegung: Sie wissen, daß eines von zwei möglichen Ereignissen (d_{21} oder d_{22}) eingetreten ist. Dann ist nur mehr eine Teilmenge von S (entweder 1, 2 oder 3, 4) möglich. Die einzelnen Elemente eines Ereignisses sind aber nicht unterscheidbar.

Im Lauf der Zeit erhalten die Wirtschaftssubjekte weitere Informationen; die Zerlegung des Wahrscheinlichkeitsraumes wird immer feiner. Jedes Ereignis d_{te} hat dabei genau einen Vorgänger (das impliziert ein perfektes Gedächtnis: Information aus früheren Perioden geht nicht verloren). Weil in Abbildung 1.1. die Gesamtdauer T = 3 ist, sind die Ereignisse der dritten Periode die Elementarereignisse (die feinste Zerlegung). Insgesamt gibt es im betrachteten Beispiel D=7 Ereignisse (d_1, d_{21}, d_{22}, d_{31}, ... d_{34}). (Die Anzahl aller Ereignisse wird wieder mit D bezeichnet).

Eine einfache Fragestellung soll das Prinzip illustrieren: Für eine

Agrarwirtschaft sei der betrachtete Zeitraum wieder drei Perioden. Die Ernte zum Anfangszeitpunkt (t = 1) ist bekannt; dagegen besteht Unsicherheit, ob die Ernte in den nächsten Perioden gut (G) oder schlecht (S) ausfallen wird. Es gibt folglich vier mögliche Zustände der Welt: die Elementarereignisse GG, GS, SG, SS.
Zum Ereignis d_1 haben die Wirtschaftssubjekte keine Information (gröbste Zerlegung des Wahrscheinlichkeitsraumes, Abb. 1.2.a) In Periode 2 erfahren sie, ob das Ereignis d_{21} (GG, GS) oder d_{22} (SG, SS) zutrifft; ihre Zerlegung ist feiner geworden. In der dritten Periode schließlich haben sie eine genaue Kenntnis des Zustands der Welt (Abb. 1.2.c).

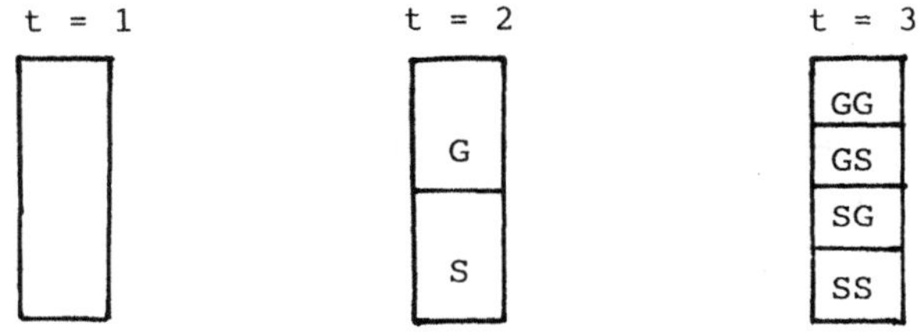

1.2.a 1.2.b 1.2.c

Zerlegung des Wahrscheinlichkeitsraumes
Abbildung 1.2.

Güter sind nun im Sinne von Arrow-Debreu nicht allein nach ihren physischen Eigenschaften verschieden, sondern auch je nach dem Ereignis $d_{te} \varepsilon D$, zu dem sie konsumiert werden. Insgesamt gibt es demnach n = D·G Güter.

Die Präferenzordnung der Wirtschaftssujekte ist über alle n Güter definiert. Es gibt I Haushalte i, und jeder Haushalt i hat einen Erstausstattungsvektor $e_i > 0$, der sich zusammensetzt aus den Erstausstattungen e_{id} jedes Ereignisses d (als Gütervektor von G Gütern). Der Haushalt stellt einen Konsumplan c_i auf, zusammengesetzt aus den Konsumplänen c_{id} für jedes Ereignis d.
Die Menge von Konsumgütern, die der Haushalt zu einem bestimmten Ereignis d konsumiert, setzt sich zusammen aus der Erstausstattung e_{id} und allen Kontrakten über Nettotransaktionen $z_{id}(d')$ (Lieferungen zum Ereignis d, die der Haushalt zu vorhergehenden Ereignissen d' (oder spätestens in d selbst) vereinbart hat):

$$c_{id} = e_{id} + \Sigma_{d' \varepsilon D} z_{id}(d')$$

Der Haushalt wählt einen Vektor von Nettotransaktionen z_i, der seinen erwarteten Nutzen im Sinne von von Neumann und Morgenstern[1)] maximiert. Welche Nettotransaktionen zulässig sind, hängt von der Gestalt der Budgetrestriktionen und damit von der Marktstruktur ab.

Zu jedem Ereignis d sind Märkte für eine Teilmenge aller n Güter aktiv. Diese Märkte lassen sich als ein linearer Teilraum Z^d des Güterraums R^n auffassen: Z^d bezeichnet demnach die Menge aller zu d aktiven Märkte. Die sequentielle Marktstruktur ist dann beschreibbar als eine Menge von linearen Teilräumen $\{Z^d, d \varepsilon D\}$ des R^n.[2)] Es gelte: $\Sigma_{d \varepsilon D} Z^d = R^n$ (jedes Gut wird zu (mindestens) einem Ereignis gehandelt).

Als Illustration ein Beispiel zur Abbildung 1.1.: Zum Ereignis d_{32} etwa sind die Gegenwartsmärkte der Periode 3 aktiv, wenn der wahre Zustand s = 2 eingetreten ist. Zu vorangegangenen Ereignissen können - neben den jeweiligen Gegenwartsmärkten - auch gewisse Zukunftsmärkte für (kontingente) Güter folgender Perioden gehandelt werden. Welche Märkte jeweils aktiv sind, gibt der entsprechende Teilraum Z^d an. Ist beispielsweise in der ersten Periode neben allen Gegenwartsmärkten nur noch der Markt für Gut g zum Ereignis 3 in der dritten Periode (d_{33}) aktiv, dann müssen alle Transaktionen, die zum Zeitpunkt 1 vereinbart werden ($z_{teg}(d_1)$) im Teilraum $Z = \{z \varepsilon R^n \mid z = (z_{11}, \ldots, z_{1G}, 0, \ldots, 0, z_{33g}, 0, \ldots 0)\}$ enthalten sein.

In einer Sequenzökonomie gibt es eine Folge von Budgetrestriktionen: für alle Wirtschaftssubjekte gilt zu jedem Ereignis d' die Beschränkung $p(d')z_{id}(d') = 0$. $z_{id}(d') \varepsilon Z^{d'}$ bezeichnet dabei den Vektor von im Ereignis d' vereinbarten Transaktionen, die zum Ereignis d ausgeführt werden. Der Wert aller zu d' vereinbarten Nettotransaktionen muß also gleich Null sein (dabei sind die Transaktionen z_{id} auf den entsprechenden Teilraum von Z beschränkt). p(d') ist das zum Ereignis d' herrschende Preissystem.

Ein Gleichgewicht einer Sequenzökonomie mit rationalen Erwartungen ist eine Preissequenz p (die zu jedem Ereignis d' ein Preissystem p(d') angibt) und eine Allokation z von Transaktionen, für die gilt:

1) $\sum_{i=1}^{I} z_i = 0$

2) z_i maximiert den erwarteten Nutzen des Haushaltes i aus dem Konsumvektor c_i mit

$c_{id} = e_{id} + \qquad {}_{d \,\varepsilon\, D}\; z_{id}(d')$ für alle d

bei der Sequenz von Budgetrestriktionen

$p(d')z_{id}(d')=0$ für alle d'.

Die allgemeine Formulierung erlaubt einen Vergleich alternativer Marktstrukturen.

Eine Arrow-Debreu-Ökonomie etwa ist dadurch gekennzeichnet, daß bereits in der ersten Periode (Ereignis d_1) für jedes der D G Güter ein eigener Markt besteht. Die Märkte zum Ereignis d_1 spannen den gesamten Güterraum R^n auf - jede beliebige Güterkombination ist schon durch das Marktsystem der ersten Periode erreichbar. In d_1 werden Kontrakte vereinbart, die den Güteraustausch für alle Ereignisse spezifizieren. Eventuell offene Märkte in späteren Perioden erweitern nicht die verfügbaren Konsummöglichkeiten - es gibt keine Veranlassung, in späteren Perioden neue Kontrakte abzuschließen.
Das Arrow-Debreu-Gleichgewicht hat die in Abschnitt 1.1. skizzierten Effizienzeigenschaften: werden von allen Gütern positive Mengen konsumiert, sind wegen des vollständigen Preissystems die marginalen Substitutionsraten zwischen dem Konsum zu verschiedenen Ereignissen für alle Haushalte gleich. Jeder Haushalt transferiert Einkommen zwischen den verschiedenen Ereignissen so, daß der Grenznutzen des Einkommens für alle Ereignisse ausgeglichen wird.
Dies ist deshalb möglich, weil über den gesamten Zeitraum hin nur eine Budgetrestriktion besteht. Die Haushalte sind also bei derartigen Einkommenstransfers keinerlei Restriktionen unterworfen: es bestehen sowohl vollständige Versicherungsmöglichkeiten (Transfer zwischen verschiedenen Zuständen) als auch vollständige Spar- und Kreditmöglichkeiten (intertemporaler Einkommenstransfer).

Ein vollständiges Marktsystem der eben beschriebenen Art ist zwar hinreichend, jedoch keineswegs notwendig, um Pareto-effiziente Allokationen zu ermöglichen. Die gleichen Allokationen sind erreichbar, wenn in d_1 nur Märkte für die gegenwärtigen Güter sowie je eine

Wertanlage für jedes Ereignis d verfügbar ist (sei es, weil es eine vollständige Menge von Ansprüchen auf Güterbündel - also Wertanlagen - für alle Ereignisse gibt oder weil für ein physisches Gut ein vollständiges Marktsystem besteht).
Trotz der Unvollständigkeit dieses Marktsystems ist die Allokation äquivalent zur Arrow-Debreu-Ökonomie - die Äquivalenz der beiden Konzepte wurde erstmals von Arrow (1963) gezeigt. (Frank Hahn (1973a) nennt solche Sequenzökonomien nicht-essentiell). In d_1 werden alle Wertanlagen gehandelt, und durch eine geeignete Anlagestrategie ist wiederum jede gewünschte Allokation erreichbar: zu jedem Ereignis bestehen für alle laufenden Güter jeweils Gegenwartsmärkte; wegen rationaler Erwartungen entspricht der erwartete Preis dem tatsächlichen Gleichgewichtspreis.
Wieder wird somit der gesamte Gütervektor aufgespannt; faktisch reduziert sich die Folge von Budgetrestriktionen auf eine einzige über alle Ereignisse hin. Statt $D \cdot G$ Märkten gibt es nun in d_1 allerdings nur $G + (D-1)$ Märkte. Die restlichen Märkte werden erst bei Realisation der künftigen Ereignisse aktiv (insgesamt sind das $G \cdot T$ Märkte); die Preisbildungsfunktion wird zuvor von den rationalen Erwartungen übernommen.[3)]

Oliver Hart (1975) formulierte noch allgemeinere Bedingungen für eine Marktstruktur, die eine Pareto-effiziente Allokation gewährleisten. Vereinfacht gesagt muß eine Marktstruktur vollständig sein in dem Sinne, daß sie Einkommenstransfers zwischen verschiedenen Ereignissen in einer Weise ermöglicht, die die Folge von Budgetrestriktionen de facto in eine einzige überführt.[4)]

Falls die Marktstruktur diese Anforderungen nicht erfüllt, sobald sie also weniger vollkommen ist, ist eine Sequenzökonomie trotz rationaler Erwartungen nicht effizient im Sinne von Pareto. Sind etwa nur mehr intertemporale Transaktionen unabhängig vom realisierten Ereignis zulässig (Z^d ist beschränkt so, daß $z_{te} = z_{te'}$ für alle e, e', t), so wird ein Risikoaustausch unmöglich.
Nur in Ausnahmefällen wäre nunmehr die Grenzrate der Substitution zwischen zwei Ereignissen für verschiedene Haushalte gleich. Ähnliches gilt bei Abwesenheit von intertemporalen Transaktionsmöglichkeiten: die Grenzrate der Substitution von Ereignissen verschiedener Zeitpunkte ist dann nicht mehr für alle Haushalte identisch.

Bei einem echt unvollständigen Marktsystem ist Pareto-Effizienz also trivialerweise nicht erfüllt. Es fehlen die expliziten Preise, an die sich alle Wirtschaftssubjekte anpassen. Die impliziten (Schatten)-Preise für Einkommen zwischen verschiedenen Ereignissen stimmen zwischen Haushalten höchstens durch Zufall überein.

Die beschriebene Sequenzökonomie geht von einer Folge von Budgetrestriktionen aus. Im allgemeinen sind die Wirtschaftssubjekte in ihren Möglichkeiten eingeschränkt, Einkommen zu transferieren. Diese Friktionen können das Zustandekommen effizienter Allokationen verhindern. Die gewählte Form der Budgetbeschränkung $p(d')\ z_{id}\ (d') = 0$ für alle d' D besagt, daß der Wert aller im Ereignis d' vereinbarten Transaktionen gleich Null sein muß. Heute abgeschlossene Verträge müssen heute bezahlt werden, unabhängig davon, wann diese Transaktionen tatsächlich ausgeführt werden.
Diese Forderung ist keineswegs zwingend, wie Douglas Gale (1978, 1982) mit Recht bemerkt: Verträge über zukünftige Kontrakte können ja auch eine Zahlung zum Liefertermin vereinbaren. Solche Verträge ließen sich interpretieren als gleichzeitige Gewährung eines Kredits, doch müßte dann modelliert werden, inwieweit derartige Kredite zulässig sind. In dem beschriebenen Modell mit vorgegebener Marktstruktur wird dies nicht geleistet. Deshalb ist nach Gale die Budgetbeschränkung in obiger Sequenzökonomie nur ein Spezialfall (Grenzfall) verschiedener denkbarer Formen von Budgetbeschränkungen.
Ein anderer Extremfall wäre, daß der Wert aller Güter, die zu einem bestimmten Ereignis d getauscht werden, gleich Null sein muß - unabhängig davon, wann die Kontrakte abgeschlossen worden sind. Formal:

$$_{d' \varepsilon D}\ p(d') z_{id}(d') = 0 \text{ für alle } d \varepsilon D.$$

Eine solche Formulierung schränkt die Zahl zulässiger Allokationen in anderer Weise ein als die Sequenzökonomie. Erst eine Modellierung der finanziellen Transaktionskosten, die eindeutig die zulässigen Einkommenstransfers definiert, kann klären, welche Form der Budgetbeschränkung adäquat ist. In einer Welt etwa, in der nicht darauf vertraut werden kann, daß einmal abgeschlossene Kontrakte auch eingehalten werden, ergibt sich die zweite Formulierung auf natürliche Weise (vgl. Gale (1982) sowie Kapitel 2.3.).

1.2.2. Effizienz von Sequenzökonomien

Wie im letzten Abschnitt gezeigt, ist eine Sequenzökonomie im allgemeinen nicht effizient. Ein System unvollständiger Märkte an der Norm der Pareto-Effizienz zu messen, ist jedoch im Grunde völlig widersinnig. Denn mit diesem Vergleich wird implizit unterstellt, ein Planer könne ungehindert von den Friktionen, die das Operieren bestimmter Märkte unmöglich machen, jede gewünschte Allokation realisieren.
Wäre ein Planer etwa in der Lage, durch eine geeignete Wahl von Steuern und Transfers jede beliebige Ausgangsverteilung herbeizuführen, dann bedeutet dies effektiv die Einführung zusätzlicher Märkte: Durch eine entsprechende Umverteilung könnte er dann ja alle Pareto-effizienten Allokationen realisieren.
Es ist jedoch anzunehmen, daß auch ein Planer in seinen Möglichkeiten durch eben die Friktionen eingeschränkt ist, die gewisse Märkte nicht zustande kommen lassen. Der relevante Vergleich wäre somit die Frage, ob ein Marktsystem in einem eingeschränkten Sinn effizient ist - nämlich relativ zu den Allokationen, die ein Planer verwirklichen könnte, wenn er den selben Friktionen unterworfen ist (constrained efficiency).[5]
Die Handlungsmöglichkeiten wären wohldefiniert, wenn die Friktionen, die zu unvollständigen Märkten führen, explizit beschrieben wären (wie es in dem später zu entwickelnden Modell geleistet wird - vgl. Kapitel 1.3. und 2.1.). Da es in diesem Abschnitt jedoch darum geht, allgemeine Aussagen abzuleiten, ohne die Ursachen für die Unvollständigkeit eines Marktsystems zu analysieren, ist es weit schwieriger, sinnvolle Restriktionen an einen Planer zu definieren.

Als Minimaltest wurde daher von Peter Diamond (1965) in einem Modell mit Produktion vorgeschlagen, zu fragen, ob die Marktallokation effizient ist relativ zur Menge aller Allokationen, die durch Umverteilung mit Hilfe der bestehenden Märkte erreichbar sind: ein Planer kann die Erstausstattung von Wirtschaftssubjekten nur in gewisse Richtungen umverteilen: nämlich derart, daß diese Umverteilung von der alten zur neuen Erstausstattung nur mit Hilfe der bestehenden Märkte erfolgen kann.
Diamond bewies, daß die Marktallokation im Fall nur eines Gutes und zweier Perioden in der Tat in diesem Sinn beschränkt effizient ist. Er deutete jedoch bereits an, daß sich diese Aussage nicht verallgemeinern läßt. Wenn man eine Wirtschaft mit mehr als einem Gut und/oder

mehr als zwei Perioden betrachtet, ist die Marktallokation nicht mehr beschränkt effizient, wie Oliver Hart (1975) anhand einfacher Beispiele eindrucksvoll demonstrierte.

Da die Argumentation zum Verständnis wesentlicher Aspekte insbesondere von Teil 3 der Arbeit von grundlegender Bedeutung ist, sei hier zur Illustration das einfachste Beispiel von Hart zusammengefaßt:
Betrachtet wird eine Tauschwirtschaft (bestehend aus 2 Haushalten) mit 2 Gütern über 2 Perioden hin ohne Unsicherheit. In beiden Perioden sind jeweils nur die Gegenwartsmärkte aktiv, auf denen die Haushalte, ausgehend von ihrer Erstausstattung, die beiden Güter jeweils tauschen können; intertemporaler Austausch ist also ausgeschlossen. Die Haushalte haben rationale Erwartungen, d.h. die für die nächste Periode erwarteten Preise sind tatsächlich Gleichgewichtspreise, die die Märkte räumen. Die Nutzenfunktion des Haushaltes i laute:

$$W_i = U_i(c_{i1}) + \delta_i U_i(c_{i2})$$

mit c_{it} als Vektor der in Periode t konsumierten Güter. Da die Nutzenfunktion additiv separabel ist und die Märkte beider Perioden nicht verbunden sind, läßt sich das Gleichgewicht je Periode anhand einer Edgeworth-Box darstellen (Abbildung 1.3.).

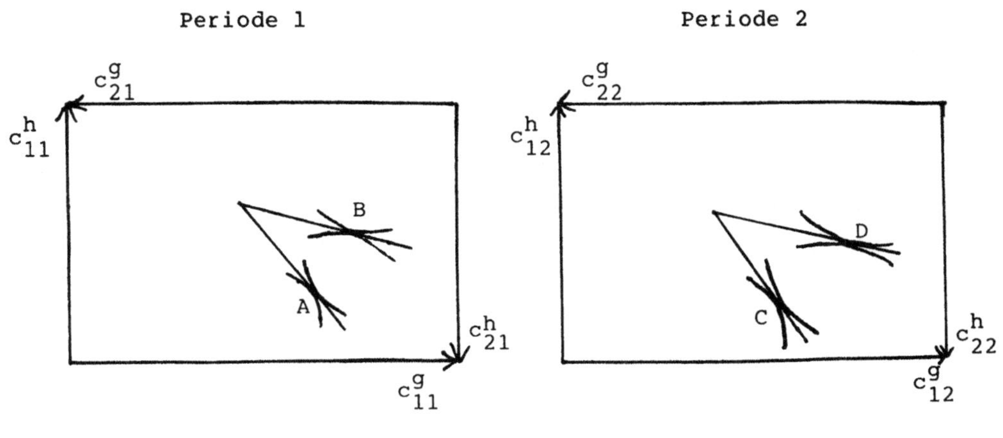

Effizienz rationaler Erwartungs-Gleichgewichte
Abbildung 1.3.

Es sei angenommen, in jeder Periode gebe es (mindestens) zwei Gleichgewichte.[6] Insgesamt gibt es dann vier mögliche Gleichgewichtszustände, AC, AD, BC und BD mit entsprechenden Gleichgewichtspreisen. Die Preiserwartungen für die zweite Periode erfüllen sich jeweils selbst.

Sind die Gleichgewichte effizient relativ zu den Allokationen, die verwirklicht werden können, indem die bestehenden Märkte genutzt werden? Beim Vergleich der Gleichgewichtsallokationen AD und BC ist Haushalt 1 in BC in der ersten Periode besser gestellt, in der zweiten schlechter gestellt als in AD; umgekehrt für Haushalt 2. Hat nun der erste Haushalt eine relativ hohe Zeitpräferenz ($\delta_1 \to 0$) im Vergleich zum zweiten ($\delta_2 \to 1$), dann werden beide das Gleichgewicht BC dem Gleichgewicht AD vorziehen.
Ein Gleichgewicht wird also eindeutig im Sinne von Pareto von einem anderen dominiert (Auch BC ist freilich im allgemeinen nicht effizient im unbeschränkten Sinn: die Grenzrate der Substitution zwischen Konsum in beiden Perioden wäre nur durch Zufall für beide Haushalte gleich). Ein Planer könnte die dominierende Allokation verwirklichen, allein indem er die bestehenden Märkte nutzt: BC ist ja offensichtlich zulässig.
Da hingegen die Haushalte annahmegemäß die Preise als gegeben hinnehmen, existiert kein Marktmechanismus, der, gegeben den Preis p_A und die Preiserwartung p_D, zur Allokation BC führt. Zu diesen Gleichgewichtspreisen könnte Haushalt 1 das Konsumbündel BC nur erreichen, wenn ein Tausch von Einkommen der zweiten Periode gegen Einkommen der ersten Periode möglich wäre. Das Fehlen solcher Transfermöglichkeiten ist die Ursache für die Suboptimalität von AD.
AD ist dann ein "bootstrap-equilibrium": Wenn alle Haushalte p_A und p_D erwarten, erfüllen sich diese Erwartungen von selbst und führen so zu einer inferioren Situation. Wie es dabei gerade zu dieser Preiskonstellation kommt, liegt außerhalb der Betrachtung einer Gleichgewichtsanalyse; doch gibt es a priori keinen Grund, weshalb alle Haushalte gerade den Preisvektor, der zum Gleichgewicht BC führt, erwarten sollten.

Da hier eine typische Second-Best-Situation vorliegt, kann es kaum überraschen, daß Hart (1975) Beispiele konstruieren konnte, in denen das Öffnen zusätzlicher Märkte (neuer Transaktionsmöglichkeiten) zu einer Verschlechterung aller Haushalte führt. Dies ist nur dann ausgeschlossen, wenn genügend Märkte in der Weise geöffnet werden, daß das Marktsystem vollständig ist. Wenn in einer Welt unvollständiger Märkte die Einführung von Geld zusätzliche Transaktionsmöglichkeiten eröffnet, muß dies also nicht notwendigerweise zu einer Verbesserung führen.

Das anschauliche Beispiel aus Abbildung 1.3. vermag auch überzeugend zu illustrieren, wie spekulative Elemente, die sich nicht auf objektive Faktoren stützen, recht reale Konsequenzen haben können. In einem Großteil der Literatur (insbesondere der makroökonomischen) über rationale Erwartungen wird stets davon ausgegangen, die Ressourcenallokation sei von sogenannten fundamentalen, realen Kräften (wie Präferenzen, Technologie etc.) determiniert.
Demzufolge garantiert eine stabile Umwelt (etwa ohne störende staatliche Eingriffe) eine stabile Allokation, und für psychologische Faktoren ist kein Platz. In einer Welt vollständiger Märkte in dem in Abschnitt 1.2.1. beschriebenen Sinn, an denen alle Marktteilnehmer partizipieren, mag ein solcher "Laissez-Faire"-Ansatz vielleicht gerechtfertigt sein: Wie die Fundamentaltheoreme der Wohlfahrtstheorie beweisen, sind alle Marktgleichgewichte effizient.
Bei echt unvollständigen Märkten sieht die Situation jedoch ganz anders aus, wie ein einfaches Beispiel verdeutlicht. Die Marktsituation sei dieselbe wie in Harts Beispiel. Dann gibt es in der zweiten Periode zwei mögliche Gleichgewichtszustände: C oder D. Wieder haben die Haushalte rationale Erwartungen, doch variieren diese nun je nach Realisation einer externen Zufallsgröße, die aber keinen Einfluß auf die fundamentalen Daten der Ökonomie (hier: Erstausstattung und die Präferenzen der Haushalte) hat.
Es sei angenommen, alle Haushalte erwarten, in der zweiten Periode werde sich der Preisvektor p_D einstellen, falls keine externen Einflüsse auftreten - die Erwartungen erfüllen sich von selbst. Wenn jedoch die externe Zufallsgröße einen ungünstigen Wert annimmt (etwa: das Orakel von Delphi verkündet eine düstere Prophezeiung; das Auftreten von Sonnenflecken wird beobachtet; oder aufgrund von fehlerhaften Berechnungen werden beunruhigende Daten über die Entwicklung der Geldmenge publiziert), dann erwarten alle Haushalte, daß sich der Preisvektor p_C realisieren wird - wieder werden sie in ihrer Erwartung voll bestätigt.

Spekulative Hypothesen führen damit zu Handlungen, die eben diese Hypothesen wieder bestätigen. Solche sich selbst erfüllenden Prophezeiungen sind durchaus keine perversen Spezialfälle, sondern haben - wie in verschiedenen Arbeiten gezeigt[7)] - unter vielen Bedingungen Gültigkeit. Solange der Prozeß, der zu bestimmten Erwartungen führt, nicht explizit modelliert wird, besteht folglich a priori keine theoretische Rechtfertigung für die Annahme, nur die "guten" Gleichgewichte würden von den Wirtschaftssubjekten erwartet. Der häufig anzu-

treffende Glaube, "bootstrap equilibria" der eben beschriebenen Art könnten nicht eintreten, basiert jedenfalls nicht auf einer theoretischen Analyse, sondern ist wohl eher einer ideologischen Position zuzuschreiben.
Das Sonnenfleckenphänomen ist in monetären Ökonomien deshalb von großer Bedeutung, weil hier im allgemeinen eine Vielzahl verschiedener Gleichgewichte mit rationalen Erwartungen möglich sind; multiple Gleichgewichte sind der Regelfall, nicht die Ausnahme (vgl. dazu Teil 2). Die Anwendungsmöglichkeiten der bisherigen Analyse auf monetäre Fragen sind zahlreich.
So kann sich etwa ein durch einen realen Hintergrund überhaupt nicht gestütztes Gerücht, ein Unternehmen (oder eine Bank) sei zahlungsunfähig, relativ leicht von selbst erfüllen: Niemand ist mehr bereit, Kredite zu gewähren; jeder will seine Forderungen realisieren; und der resultierende Zusammenbruch bestätigt die schlimmsten Erwartungen - unter Umständen mit Kettenreaktionen auf andere Unternehmen. Optimistischere Erwartungen hätten zu völlig anderen Konsequenzen geführt (gleiches gilt für die Kreditfähigkeit von Staaten: Internationale Finanzkrisen können durch rein psychologische Faktoren ausgelöst werden). Dieser Aspekt wird in Kapitel 3 aufgegriffen.

Die bisherigen Ausführungen machen deutlich, daß ein Marktgleichgewicht bei einem unvollständigen Marktsystem von einem Planer, der innerhalb der gleichen Menge verfügbarer Märkte operieren kann, dominiert werden kann. Dies führt zur Überlegung, welche Beschränkungen einem Planer auferlegt werden müssen, damit er die Marktlösungen nicht dominieren kann.
Eine genaue Beschreibung der Beschränkungen eines Planers, die bewirken, daß eine Planungslösung zu den gleichen Allokationen führen wie ein System unvollständiger Märkte, kann verdeutlichen, in welcher Weise unvollständige Märkte funkionieren. Die Aufgabe besteht darin, eine Menge von Allokationen so zu definieren, daß eine Marktlösung (mit exogen gegebener Marktstruktur) effizient ist relativ zu dieser Menge.
Eine Antwort auf dieses Problem hat als erster Sanford Grossman[8)] geliefert mit dem Konzept der sozialen Nash- Effizienz. Offensichtlich muß der Planer einer Art beschränkter Rationalität unterworfen sein - er kann die zu jedem Ereignis aktiven Märkte nicht vollständig miteinander koordinieren. Grossman entwickelte ein interessantes Planungskonzept, das diese Koordinierungsschwierigkeiten verdeutlicht: Es gibt ein Planungsbüro, das jedem Ereignis genau einen Planer zuteilt.

Jeder Planer kann für sein Ereignis gemäß seiner sozialen Wohlfahrtsfunktion eine optimale Allokation wählen aus all denen, die erreichbar sind, wenn er die zu diesem Ereignis aktiven Märkte nutzt - wenn er also die Möglichkeiten nutzt, die durch die dort aktiven Märkte aufgespannt werden. Innerhalb dieser Möglichkeiten, die er kontrolliert, wählt er eine Allokation, die durch keine andere zulässige dominiert wird.
Bei seinen Entscheidungen geht er jedoch davon aus, daß durch seine Wahl die Entscheidungen der restlichen Planer nicht beeinflußt werden; er nimmt - im Sinne eines Nash-Gleichgewichtes - die Handlungen der Planer zu anderen Ereignissen als gegeben an.[9] Dieses Nash-Verhalten ist ein Zeichen beschränkter Rationalität: Könnten die Planer ihre Aktionen miteinander koordinieren, ließe sich selbst innerhalb der auferlegten Restriktionen unter Umständen eine Verbesserung im Sinne von Pareto erzielen. Anders formuliert: zwei sozial Nash-effiziente Allokationen können in gewissen Fällen nach dem Pareto-Kriterium in eine Rangfolge gebracht werden.
Zur Illustration wieder Harts Beispiel: Sowohl AD wie BC sind Gleichgewichte bei rationalen Erwartungen, damit sozial Nash-effizient. Bei einem Planungsbüro mit den beschriebenen Koordinationsschwierigkeiten (hier: mit unabhängigen Planern für jede Periode) ist als Planungsergebnis die Allokation BC ebenso gut möglich wie AD. Eine eindeutig Pareto-inferiore Allokation kann somit als Nash-Gleichgewicht Planungslösung sein.
Diese Überlegung verdeutlicht, daß soziale Nash-Effizienz ein recht schwaches Planungskonzept darstellt; denn die Zahl der zulässigen Allokationen ist relativ groß. Das Konzept gibt eine präzise Beschreibung der Beschränkungen, denen ein Planungsbüro unterliegen müßte, um Gleichgewichte bei unvollständigen Märkten nicht dominieren zu können.

Doch ist fraglich, inwieweit das Konzept darüberhinaus von Interessse sein kann. Es läßt ja offen, welchen Restriktionen ein Planer tatsächlich unterliegt, und es ist nicht einzusehen, wieso ein Planungsbüro nicht in der Lage sein sollte, seine Aktivitäten besser zu koordinieren. Erst die ausdrückliche Beschreibung der Beschränkungen an einen Planer könnte darauf eine befriedigende Antwort geben - ein Indiz für die Schwäche eines Ansatzes, der ein unvollständiges Marktsystem als gegeben unterstellt, ohne die Ursachen für die unvollkommenen Transaktionsmöglichkeiten abzuleiten.

1.2.3. Produktion in Sequenzökonomien

Bisher erfolgte die Diskussion unvollständiger Märkte ausschließlich anhand des Modells einer reinen Tauschwirtschaft. Eine Rechtfertigung liegt darin, daß das Einführen von Produktion, damit von Unternehmen, die bisher schon schwierige Analyse noch erheblich kompliziert. Unternehmenstheorie steht hier - im Gegensatz zum Fall eines vollständigen Marktsystems - vor einer ganzen Reihe höchst komplexer Fragen, die bisher zum größten Teil noch nicht überzeugend gelöst sind.
Zwar gibt es gegenwärtig eine ganze Reihe von unterschiedlichen, zum Teil widersprüchlichen Ansätzen, um Produktion in die Theorie unvollständiger Märkte einzubeziehen, doch ist der aktuelle Kenntnisstand der Forschung noch recht unbefriedigend. Die entscheidenden Schwierigkeiten sollen im folgenden anhand des einfachst möglichen Falles kurz analysiert werden.

Zur Vereinfachung sei eine Ökonomie über zwei Perioden hin betrachtet mit nur einem Konsumgut, das gleichzeitig als Investitionsgut geeignet ist (für ein allgemeineres Modell siehe Grossman/Hart (1979). In der zweiten Periode tritt einer von S möglichen Zuständen s der Welt ein (also gibt es S+1 Ereignisse). Jedes Unternehmen u wählt einen Produktionsplan $y_u = (y_{1u}, y_{2u})$ mit y_{1u} als Input in der ersten Periode und $y_{2u} \in R^S$ als Outputvektor je nach Realisation der Zufallsgröße s.

Die Marktstruktur in Periode 1 ist einfach dadurch charakterisiert, daß die Konsumenten Gegenwartskonsum gegen Unternehmensanteile tauschen können. Demnach besteht der einzige Weg, intertemporal und zwischen verschiedenen Zuständen der Welt zu tauschen, im Kauf von Unternehmensanteilen auf dem Aktienmarkt (andere Wertanlagen werden zur Vereinfachung nicht betrachtet). In Periode 2 konsumiert jeder Haushalt im Zustand s seinen Anteil am Output aller Unternehmen in diesem Zustand.
Ein Unternehmensanteil θ_{ui} des Haushaltes i ist ein Anspruch auf den Output $\theta_{ui} y_{2u}(s)$ in verschiedenen Zuständen s. Ein Unternehmen produziert quasi als zusammengesetztes Güterbündel y_{2u} eine Anzahl unterschiedlicher Güter (verschieden durch den Zustand s). Würden die Vektoren $\{ y_{2u} \}$ den gesamten Vektorraum R^S aufspannen, so bestünde wieder ein System vollständiger Märkte. Für alle "Güter" (Risiken) ließen sich explizit Preise berechnen; es wäre möglich, zwischen verschiede-

nen Zuständen zu tauschen und etwa durch eine geeignete Kombination von Unternehmensanteilen einen vollständigen Risikoausgleich zu erreichen.

Der Gegenwartswert jedes Produktionsplanes ist dann eindeutig bestimmt. Er läßt sich berechnen als der abdiskontierte zukünftige Ertrag der verschiedenen Güter. Der Unternehmenswert (Preis eines Anteils) errechnet sich aus diesen bewerteten zukünftigen Erträgen (in der zweiten Periode ist der Unternehmenswert Null, da die Ökonomie sich nur über zwei Perioden hin erstreckt). Für alle Haushalte ist damit die Grenzrate der Substitution von Einkommen im Zustand s, bezogen auf Einkommen der ersten Periode, gleich.

Wird dagegen nicht der gesamte Vektorraum R^S aufgespannt (unvollständiges Marktsystem), so gibt es weniger Märkte als Zustände der Welt. Infolgedessen lassen sich die Gewinne in verschiedenen Zuständen (allgemeiner: in verschiedenen Ereignissen) nicht zu einem einheitlichen Index aggregieren. Der Gegenwartswert eines Unternehmens ist nun nicht mehr bestimmt; die zukünftigen Gewinne stellen eine Zufallsvariable dar. Gegenstand zahlreicher Arbeiten ist die Frage: Nach welchen Kriterien, nach welchem Rationalkalkül werden unter diesen Umständen Produktionsentscheidungen gefällt?

Als Folge der unvollständigen Märkte sind die impliziten Preise von Einkommen im Zustand s, gemessen in Einheiten des laufenden Einkommens (d.h. die Grenzrate der Substitution $\partial U/\partial c_s / \partial U/\partial c_1$) von Haushalt zu Haushalt verschieden. Demnach werden Produktionspläne unterschiedlich gewichtet. Anteilseigner können deshalb konfligierende Interessen haben.

Unternehmensanteile dienen nun mehreren Aufgaben gleichzeitig. In einer Arrow-Debreu-Welt mit vollständigen Märkten haben sie allein eine Funktion: Sie sind Vermögensansprüche auf einen Anteil am Unternehmensertrag in zukünftigen Perioden (sie repräsentieren einen Eigentumsanspruch).

Nun aber ist ein Produktionsplan zugleich ein Bündel von Gütern (charakterisiert je nach Zustand der Welt). Durch den Tausch von Anteilen kann Risiko zwischen verschiedenen Haushalten (in beschränktem Umfang - wegen der Unvollständigkeit) gehandelt werden: Haushalte verkaufen Unternehmensanteile (damit bestimmte Güterbündel), um andere, neue Anteile zu erwerben und so eine günstigere Portfoliostruktur zu erzielen.

Diese Funktion, in der Arrow-Debreu-Welt durch Märkte für kontingente

Güter erbracht, muß nun ebenfalls von den Unternehmensanteilen übernommen werden (Grossman/Hart (1979). Die Wahl zwischen alternativen Produktionsplänen hat deshalb ganz andere Wirkungen: Die Änderung eines Produktionsplanes kann zu einem neuen Vektor von zustandsabhängigen Einkommen (einem neuen Güterbündel) führen; somit ändert sich die Qualität eines Unternehmens als Wertanlage.

Wie werden in dieser Welt Entscheidungen über Produktionspläne gefällt? Bei vollständigen Märkten kann die Entscheidung über den Produktionsplan eines Unternehmens von den Konsumentscheidungen der Anteilseigner getrennt werden: Gleichgültig wie deren Präferenzen strukturiert sind - dank eines vollständigen Preissystems ist die nutzenoptimierende Produktionsentscheidung immer diejenige, die den Marktwert des Unternehmens maximiert. Unternehmensanteile sind ausschließlich Vermögensansprüche; Änderungen von Produktionsplänen haben daher nur insoweit einen Einfluß auf den Nutzen der Anteilseigner, als ihr Vermögen durch den geänderten Marktwert des Unternehmens (und eventuell auch des von anderen Unternehmen) betroffen ist. Es ergibt sich ein reiner Vermögenseffekt.
Dagegen kann aufgrund der zusätzlichen Funktion von Unternehmensanteilen bei unvollständigen Märkten die Änderung eines Produktionsplanes den Nutzen der Anteilseigner noch in anderer Weise beeinflussen. Die Qualität des Unternehmens als ein Bündel kontingenter Güter, die ein Haushalt erwerben (konsumieren) möchte, kann sich ändern. Bei diesem "Konsumeffekt" lassen sich zwei Aspekte unterscheiden (siehe Hart (1979) und Grossman/Hart (1979):

a) Durch eine geänderte Produktionsentscheidung können sich die Preise für (Bündel von) kontingenten Gütern, die der Haushalt durch den Kauf von Unternehmensanteilen auf dem Aktienmarkt erwerben möchte, verändern.

b) Eine Änderung von Produktionsplänen kann gewissermaßen neue Güter (im Sinn von Ansprüchen auf kontingente Güterbündel) kreieren: Die Menge zulässiger Portfoliostrategien, die durch Handel auf dem Aktienmarkt erreichbar sind, hat sich dann gewandelt.

Vermögens- und Konsumeffekte können entgegengesetzte Wirkungen auf den Nutzen eines Haushaltes haben; zudem wird der Konsumeffekt für verschiedene Haushalte von unterschiedlicher Bedeutung sein. Es ist daher denkbar, daß eine Änderung des Produktionsplanes manche Anteils-

eigner besser stellt, andere schlechter.
In einer Reihe von Arbeiten (insbesondere in der Literatur über Finanzierungstheorie - einen Überblick bietet der Aufsatz von DeAngelo 1981)) sind in jüngster Zeit verschiedene Bedingungen diskutiert worden, unter denen dennoch Einmütigkeit (unanimity) unter den Anteilseignern zumindest über die Zielsetzung des Unternehmens herrscht. Die zum Teil recht unterschiedlichen Aussagen lassen sich folgendermaßen zusammenfassen:
Zentrale Bedeutung hat in vielen Arbeiten die sogenannte "spanning condition". Ist sie erfüllt, dann ist ein einzelnes Unternehmen nicht in der Lage, durch Änderung des Produktionsplanes neue Wertanlagemöglichkeiten zu kreieren, die sich nicht als lineare Kombination bestehender Wertanlagen darstellen (aufspannen) lassen. Diese restriktive Annahme ermöglicht die Analyse von unvollständigen in Analogie zu der von vollständigen Märkten: alle zulässigen Produktionsentscheidungen bewegen sich jeweils immer im gleichen Teilraum des RS. Als unmittelbare Konsequenz der "spanning condition" ist die Grenzrate der Substitution zwischen Gütern innerhalb dieses Teilraumes für alle Wirtschaftssubjekte gleich (siehe Grossman/Hart (1979).

Ein häufig diskutierter Spezialfall der spanning condition - er wird etwa in Diamond (1965) analysiert - ist die sogenannte stochastische Homothetizität: Eine Änderung des Produktionsniveaus ändert den Output in allen Zuständen der Welt proportional; die relativen Outputniveaus in verschiedenen Zuständen (als zusammengesetztes Gut) bleiben konstant. Bei dieser Art konstanter Skalenerträge können Produktionsentscheidungen die Natur des Risikobündels nicht beeinflussen - unabhängig vom Produktionsniveau wird immer der gleiche Teilraum aufgespannt.
Offensichtlich garantiert die Bedingung die Abwesenheit des Konsumeffekts b). Der Konsumeffekt a) schließlich hat dann keine Bedeutung, wenn die Haushalte vermuten, die Marktpreise für die verschiedenen Güterbündel blieben von jeder zulässigen Änderung der Produktionspläne unberührt (competitive conjectures). Aus den beiden Bedingungen "spanning" und "competitive conjectures" folgt zusammen, daß der einzige (vermutete) Einfluß einer Produktionsänderung auf den Nutzen der Anteilseigner im Vermögenseffekt (als Folge eines geänderten Marktwertes) besteht.
Da unter diesen Bedingungen alle Anteilseigner einen höheren Marktwert eindeutig mit größeren Konsummöglichkeiten verbinden (einer Parallel-

verschiebung der Budgetgeraden nach außen), wird die Maximierung des Marktwertes von allen Eigentümern einmütig präferiert.
Unter der spanning condition ist ein einzelnes Unternehmen nicht in der Lage, "neue" Güter zu produzieren: jedes zulässige Güterbündel läßt sich als Linearkombination anderer Güter darstellen. Im Zusammenhang mit einer Analyse unvollständiger Märkte ist diese Bedingung sicher höchst unbefriedigend, weil sie eine vollständige Menge von Märkten für einen Teilraum aller Güter (den aufgespannten Raum) impliziert und unterstellt, daß Märkte für den restlichen Güterraum überhaupt unmöglich sind. Ein derartiges Vorgehen ist freilich unzureichend, um das Phänomen zu erfassen, daß Märkte in einem wirklichen Sinn unvollständig sind: Gerade die Aspekte, die das Problem interessant machen, werden ausgeschlossen.

In seiner Arbeit "On Shareholder Unanimity in Large Stock Market Economies" hat Oliver Hart (1979) gezeigt, daß - unabhängig davon, ob spanning zutrifft oder nicht - Anteilseigner dann einmütig die Maximierung des Marktwertes ihrer Unternehmung anstreben, wenn "perfekter" Wettbewerb in einem präzise definierten Sinn herrscht. Die traditionelle Theorie vollkommenen Wettbewerbs unterstellt ja den Unternehmen Mengenanpasserverhalten, d.h. competitive conjectures. In endlichen Ökonomien ist jedoch die Hypothese, ein Unternehmen könne durch Änderung seines Produktionsplanes die Marktpreise nicht beeinflussen, in der Regel falsch. Die kompetitive Vermutung wäre inkorrekt. Mengenanpasserverhalten kann demnach nicht rational sein, weil es nicht anreizkompatibel ist: Angenommen, alle anderen Unternehmen verhielten sich als Mengenanpasser, könnte ein Unternehmen seinen Marktwert erhöhen, indem es aktive Preispolitik betreibt - es sieht sich nicht einer vollständig elastischen Nachfrage gegenüber.
Perfekter Wettbewerb in Harts Sinn besteht nun genau dann, wenn ein einzelnes Unternehmen sich tatsächlich einer vollständig elastischen Nachfrage gegenübersieht, wenn es also relativ zur Gesamtökonomie (hier: zur Zahl der Haushalte, die seine Aktien kaufen) klein ist. Hart erhält perfekten Wettbewerb in seinem Modell, indem die Zahl der Haushalte gegen unendlich geht - maßtheoretisch formuliert: das einzelne Unternehmen hat einen Einfluß vom Maß Null, die Ökonomie ist atomlos; ein einzelnes Wirtschaftssubjekt hat kein fühlbares Gewicht (vgl. Gale 1982, S. 252).

Ostroy (1980) und Makowski (1980) entwickelten einen interessanten

Ansatz, der zeigt, daß perfekter Wettbewerb (jedes Unternehmen hat eine vollständig elastische Nachfrage) äquivalent ist zur Bedingung, der einzelne Marktteilnehmer trage keinen Surplus zum Rest der Ökonomie bei (no surplus condition). Das bedeutet hier: jeder potentielle Käufer von Aktien eines Unternehmens ist indifferent, ob er diese spezielle Aktien erwirbt oder nicht.
Dies kann einmal daran liegen, daß die gleiche Anlagemöglichkeit durch den Erwerb von Aktien anderer Unternehmen (oder einer Kombination verschiedener Aktien) realisiert werden kann (das ist der Fall des spanning: Das spezielle Güterbündel wird nicht von einem Unternehmen allein produziert). Das betrachtete Unternehmen liefert deshalb keinen Surplus für die Gesamtökonomie, weil auch bei seiner Abwesenheit die gleichen Konsummöglichkeiten offenstehen. Die Konsumeffekte sind damit ausgeschlossen: Kein Unternehmen hat einen Einfluß auf die Preise der Güterbündel, die auf dem Aktienmarkt gehandelt werden.
Doch selbst wenn ein Unternehmen spezielle Anlagemöglichkeiten bietet, sie also nur selbst hervorbringen kann (kein spanning), ist dies irrelevant, sofern tatsächlich perfekter Wettbewerb herrscht, die Nachfrage nach dieser Anlageform also völlig elastisch ist. Denn auch dann kann das Unternehmen keinen Surplus zur Gesamtökonomie beitragen: Die Haushalte sind indifferent gegenüber der Entscheidung, ob es aktiv wird oder nicht. Obwohl das Unternehmen neue Güter kreieren kann, führt dies zu keinem Konsumeffekt, höchstens zu einem Vermögenseffekt, der die Budgetbeschränkung der Anteilseigner wieder parallel verschiebt. Das bedeutet: die impliziten Schattenpreise, die wegen des unvollständigen Marktsystems in der Regel zwischen den Haushalten differieren, bleiben von der Produktionsentscheidung unbeeinflußt - vgl. Makowski (1983).
Hart (1979) motiviert diese Art perfekten Wettbewerbs folgendermaßen: Angenommen, der Konsumeffekt sei für einen Haushalt positiv. Nimmt die Zahl der Haushalte mit ähnlichen Präferenzen zu, dann müßten alle gleichermaßen einen positiven Konsumeffekt erfahren. Weil jedoch ein einzelnes (kleines) Unternehmen keinen signifikanten Einfluß auf unendlich viele Haushalte ausüben kann, muß der Konsumeffekt in großen Ökonomien gegen Null gehen.
Die Überlegungen machen deutlich, daß die Schwierigkeiten bei der Definition der Zielfunktion eines Unternehmen nicht in der Unvollständigkeit des Marktsystems liegen, sondern in engem Zusammenhang zu unvollkommenen Wettbewerb stehen.

Bisher wurde ausschließlich Eigenkapitalfinanzierung betrachtet. Die Ausgabe von Schuldscheinen, die (unabhängig vom Zustand s) einen konstanten Rückzahlungsbetrag versprechen, führt zu keinerlei Komplikationen, sofern Unternehmen nicht Bankrott gehen, der vereinbarte Betrag also tatsächlich in jedem Zustand ausgezahlt werden kann. Das Unternehmen muß demnach in allen Zuständen einen positiven Ertrag erwirtschaften, der die Verpflichtungen abdeckt (alternativ könnten Anteilseigner in Verlustsituationen finanzielle Mittel zuschießen (also negative Dividenden erhalten), sofern sie über ausreichende Reserven verfügen). Ein Schuldschein ist damit eine weitere (sichere) Anlagemöglichkeit. Geben mehrere Unternehmen Schuldscheine aus, so ist die spanning condition erfüllt, und die obigen Argumente gelten analog. Das Theorem von Modigliani/Miller (19558) ist damit anwendbar: Die Finanzierungsstruktur eines Unternehmens ist irrelevant, also indeterminiert.
Weit schwieriger wird die Analyse von Bankrottmöglichkeiten: Bankrott tritt ein in Zuständen, in denen die erwirtschafteten Erträge geringer sind als die fixen Ansprüche der Gläubiger. Diese haben einen bevorzugten Anspruch auf die Konkursmasse; erst wenn der Ertrag höher ausfällt als die Gläubigeransprüche, fließen die zusätzlichen Erträge proportional den Anteilseignern zu.
Eigenkapital- und Fremdkapitalgeber haben potentiell unterschiedliche Interessen: Während die Anteilseigner den Marktwert ihrer Anteile (nicht den des gesamten Unternehmens) maximieren wollen, sind die Gläubiger auch an der Minimierung des Bankrottrisikos interessiert (vgl. Hart (1979)). Jeder Haushalt kann freilich gleichzeitig Eigen- und Fremdkapitalanteile erwerben. Man kann jedoch davon ausgehen, daß die Menge der verfügbaren Güterbündel sich mit der Eigenkapital/Fremdkapital-Relation ändert: Nimmt der Fremdkapitalanteil zu (und damit die fixen Ansprüche), erhöht sich die Bankrottgefahr. Das wäre gleichbedeutend mit einer Änderung der verfügbaren Portfoliostrategien - siehe dazu auch Grossman/Stiglitz (1980).

Aus den bisherigen Ausführungen lassen sich als wesentliche Schlußfolgerungen folgende Punkte zusammenfassen:

1) Wenn einzelne Wirtschaftssubjekte (Haushalte oder Unternehmen) spezifische Risiken aufweisen (und dadurch im Sinn von Arrow-Debreu jeweils individuelle, spezifische Güter definiert sind, da der

Zustand der Welt je nach Realisation der individuellen Zufallsvariablen verschieden ist), ist zwangsläufig die spanning condition nicht erfüllt. Dennoch ist perfekter Wettbewerb garantiert, wenn die individuellen Risiken unkorreliert sind und eine unendliche Zahl von Marktteilnehmern garantiert, daß der einzelne keinen fühlbaren Einfluß auf die Ökonomie hat (mit anderen Worten: keinen Surplus zum Rest der Ökonomie beiträgt).
Diese Art perfekten Wettbewerbs wird im Grundmodell von Teil 2 unterstellt.

2) Das Grundmodell in Teil 2 kann sich auf eine reine Tauschökonomie beschränken, weil die Einführung von Produktion bei Gültigkeit perfekten Wettbewerbs keine wesentlichen zusätzlichen Erkenntnisse liefert, dafür aber zu einer erheblichen Komplizierung der Notation führt. Ebenso wie die spanning condition kann nämlich das Konzept perfekten Wettbewerbs nur wenig zum Verständnis der relevanten Probleme beitragen, die durch Produktionsmöglichkeiten auftreten. Es ist in gleicher Weise restriktiv; denn es dürfte äußerst selten vorkommen, daß die Möglichkeit, neue Güter zu produzieren, keine monopolistischen Elemente beinhaltet.10)
Der Wert des Konzepts liegt wohl eher darin, zu verdeutlichen, daß Produktion in unvollständigen Marktsystemen sinnvoll nur in Modellen unvollkommener Konkurrenz analysiert werden kann. In der Tat besteht eine enge formale Beziehung zwischen einem Zwei-Perioden-Aktienmarktmodell und Modellen monopolistischer Konkurrenz. Für solche Modelle sind die theoretischen Grundlagen gegenwärtig jedoch äußerst unbefriedigend: "But for what might look a little like actual economies, we have nothing on offer" (Hahn (1982), S. 32). Die ungelöste Schwierigkeit besteht darin, im Rahmen einer Gleichgewichtsanalyse die nun irrationalen "competitive conjectures" durch ein rationales Äquivalent zu ersetzen.11)

3) Unvollständigkeit eines Marktsystems allein garantiert keine ökonomische Funktion für Intermediäre. Solange die Ursachen für die Unvollständigkeit nicht beschrieben werden, ist es unmöglich, zu prüfen, ob Finanzintermediäre (oder andere Institutionen) einen Beitrag zu deren Überwindung leisten können.

1.3. Asymmetrische Information

Kapitel 1.2. gab einen Überblick über die Theorie unvollständiger Märkte: Die Unmöglichkeit, gewisse Kontrakte abzuschließen, führt zu Sequenzökonomien. Diese Sequenzstruktur impliziert eine Folge von Budgetrestriktionen als Solvenzanforderung: Gewisse Einkommenstransfers zwischen verschiedenen Ereignissen sind nicht zulässig. Lassen sich die Budgetrestriktionen nicht in eine einzige überführen, dann weist eine Welt mit unvollständigen Märkten andere Effizienzeigenschaften auf als die Arrow-Debreu-Welt.
Der entscheidende Mangel des Ansatzes liegt im Fehlen einer Begründung dafür, weshalb es zu der unterstellten Folge von Budgetrestriktionen kommt und somit a priori denkbare Einkommenstransfers (bestimmte Finanztransaktionen) nicht mehr zugelassen sind. Im Teil 2 wird argumentiert, daß eine überzeugende Geldtheorie begründen muß, weshalb bestimmte Kontrakte, die in einer Arrow-Debreu-Welt problemlos abgeschlossen werden könnten und Geldhaltung dominieren würden, nicht zulässig sind. Jeder Versuch, Geldhaltung zu modellieren, muß die Frage beantworten, warum nicht einfach Kontrakte à la Arrow-Debreu vereinbart werden, statt daß Geld getauscht wird (so auch Bryant (1980)). Welche Friktionen verhindern das?

Ein überzeugender Ansatz, der endogen begründen kann, warum ökonomisch rationale Individuen bestimmte Kontrakte nicht abschließen, liegt in asymmetrischer Information der Marktteilnehmer. Der Kerngedanke dieser Arbeit, der in Teil 2 ausführlich ausgearbeitet wird, besteht gerade darin, daß Informationsproblemen eine entscheidende Bedeutung für das Phänomen Geld (ebenso wie für Finanzintermediäre) zukommt und ihre Modellierung wesentliche Einsichten zum Verständnis dieser Phänomene bieten kann.
Zur Vorarbeit wird in diesem Abschnitt beschrieben, wie asymmetrische Information modelliert werden kann - mit dem Ziel, aufzuzeigen, warum deshalb viele Kontrakte unzulässig werden. Die ökonomische Theorie der Information hat in den letzten Jahren große Fortschritte gemacht; sie stellt eines der ergiebigsten Gebiete ökonomischer Forschung dar.

In einer grundlegenden Arbeit hat Roy Radner (1968) eine verblüffend einfache und theoretisch überzeugende Begründung für das Nichtzustandekommen vieler Märkte geliefert: Besitzen zwei Wirtschaftssubjekte asymmetrische Information, dann können Kontrakte nur in Abhängigkeit von Informationen geschlossen werden, die für beide beobachtbar sind (eventuell sogar von Informationen, die von dritter Seite potentiell verifiziert werden kann). Ein Austausch kann nur kontingent vom Eintreten von Ereignissen vereinbart werden, die für beide Seiten nachprüfbar sind. Würde nur ein Marktteilnehmer die relevante Information erhalten, müßte der andere darauf vertrauen, nicht getäuscht zu werden.

Zur Illustration der Grundidee sei als einfachstes Beispiel eine Zwei-Personen Tauschwirtschaft mit einem Gut und Unsicherheit beschrieben (die Grundstruktur des Modells wird später eine wesentliche Rolle spielen). Jeder Haushalt i ist mit dem individuellem Risiko konfrontiert, daß seine Erstausstattung e_{i1} oder e_{i2} beträgt. Haushalt i weiß ex ante nicht, wie hoch seine Erstausstattung sein wird. Nach der Realisation der Zufallsvariablen ergeben sich vier mögliche gesamtwirtschaftliche Zustände: (e_{11}, e_{21}), (e_{12}, e_{21}), (e_{11}, e_{22}) und (e_{12}, e_{22}) - Abbildung 1.4.

1 \ 2	e_{21}	e_{22}
e_{11}	s_1	s_2
e_{12}	s_3	s_4

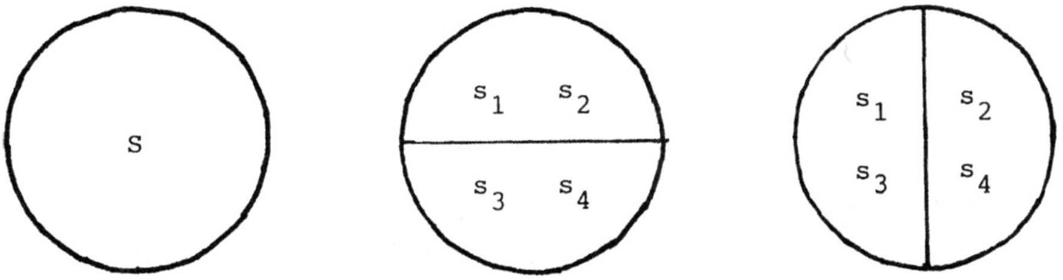

Asymmetrische Information
Abbildung 1.4.

Informationstheoretisch läßt sich die Situation analog zu Kapitel 1.1. so beschreiben: Zunächst hat jeder der Haushalte die gröbste Zerlegung des Wahrscheinlichkeitsraumes. In einer solchen Situation wäre potentiell für beide Haushalte ein Risikoaustausch von Vorteil, der Transfers in Abhängigkeit davon bestimmt, welcher der vier Zustände ein-

tritt. Gilt nun aber, daß jeder einzelne nur die Realisation seiner eigenen Zufallsvariablen beobachten kann, dann können beide ex post zwar bestimmte Ereignisse unterscheiden, sie haben aber keine gemeinsame Zerlegung über den Zustand der Welt.
Ist etwa Zustand 1 eingetreten, weiß der erste Haushalt, daß s im Ereignis A liegt ($s \in A$) und Haushalt 2, daß $s \in C$. (Vgl. Abbildung 1.4.). Bei einem zuvor vereinbarten Risikoaustausch hätte in der Regel mindestens einer der Haushalte ex post einen Anreiz, falsche Angaben über die tatsächliche Höhe seiner Erstausstattung zu machen, um einen höheren Kompensationsbetrag zu erzielen. Ex ante vorteilhafte Kontrakte sind ex post nicht durchsetzbar, weil keine bindenden Verpflichtungen über deren Einhaltung möglich sind, wenn keine gemeinsame Information besteht; sie sind dynamisch nicht konsistent.

Wenn etwa ein Versicherungsvertrag Zahlungen im Schadensfall festlegen würde, die Realisation des Schadens aber nur vom jeweils Betroffenen selbst beobachtbar wäre, dann wäre es für ihn individuell rational, immer anzugeben, der höchste Schaden sei eingetreten, um so die Auszahlungen zu maximieren. Es wäre nicht anreizverträglich, wahre Angaben zu machen. Eine natürliche Meßbarkeitsforderung verlangt daher, daß Kontrakte nur zulässig sind abhängig von Ereignissen, die beide Vertragspartner beobachten können, also von der feinsten gemeinsamen Zerlegung des Wahrscheinlichkeitsraumes. Da im konkreten Fall dies der gesamte Wahrscheinlichkeitsraum ist (gröbste Zerlegung), wäre hier, gegeben die Unabänderlichkeit der Informationsstruktur, ein Risikoaustausch unmöglich - derartige Verträge werden erst gar nicht abgeschlossen.

Radner (1982) bezeichnet ein Modell, das auf diese Weise asymmetrische Information einbezieht, als "erweitertes" Arrow-Debreu-Modell (extended Arrow Debreu economy). Während traditionelle Ansätze davon ausgehen, das Eintreten von Ereignissen sei für alle Wirtschaftssubjekte in gleicher Weise beobachtbar, es könnten also beliebige Verträge kontingent vom Eintreten dieser Ereignisse abgeschlossen werden, sind im erweiterten Ansatz private Informationen berücksichtigt: sie schränken die Zahl möglicher Kontrakte erheblich ein.
Auch in diesem erweiterten Modell gelten, da es formal äquivalent ist zur Arrow-Debreu-Ökonomie, die Fundamentaltheoreme der Wohlfahrtstheorie analog (vgl. Radner (1968)). Ein Wettbewerbsgleichgewicht (im skizzierten Fall besteht es darin, daß überhaupt kein Tausch zustande

kommt) ist - relativ zur vorgegebenen Informationsstruktur - effizient. Ganz analog zum Arrow-Debreu-Modell würden auch hier alle zulässigen Kontrakte bereits zum Anfangszeitpunkt vereinbart; für Phänomene wie Geld, Aktienmärkte etc. ist also wiederum kein Platz.

Anzunehmen, die Informationsstruktur sei unabänderlich vorgegeben, ist jedoch wenig sinnvoll. Die Analyse wird wesentlich interessanter (und komplexer), wenn diese Struktur sich endogen verändern läßt: So kann man etwa unter bestimmten Bedingungen aus dem Verhalten der Marktpartner oder auch aus den realisierten Gleichgewichtspreisen Rückschlüsse auf die Informationen anderer Wirtschaftssubjekte ziehen - siehe dazu den Übersichtsartikel von Grossman (1981). Ebenso ist es in vielen Fällen möglich, Informationskosten aufzuwenden, um das Eintreten bestimmter Ereignisse zu verifizieren.
Tausch ist also keineswegs in allen Fällen asymmetrischer Information von vorneherein unmöglich. Asymmetrische Information schränkt vielmehr, allgemeiner formuliert, die Zahl zulässiger Kontrakte auf alle anreizverträglichen Kontrakte ein: Sie müssen so gestaltet sein, daß jeder, der private Information offenlegen soll, sich bei wahrheitsgemäßen Angaben nicht schlechter stellt als bei inkorrekten.
Dieses allgemeine Prinzip ist weniger restriktiv als Radners erweiterte Arrow-Debreu-Welt: Es wird nun zugelassen, daß Wirtschaftssubjekte Angaben über ihre private Information machen. Die Beschränkung liegt darin, daß der Nutzen, der durch falsche Angaben (als denkbare Verhaltensstrategie) erreichbar ist, nicht höher sein darf als das bei wahrheitsgemäßer Information zu erzielende Nutzenniveau. Diese Restriktion ist formalisierbar durch sogenannte "self-selection-constraints."[1)]

Zur Illustration seien die self-selection-Beschränkungen für das Beispiel der Abbildung 1.4. formalisiert: Nach der Realisation der Zufallsvariablen machen alle Haushalte eine Mitteilung v_i über die Höhe ihrer Erstausstattung. Diese Mitteilung muß nicht korrekt sein; ein Haushalt kann e_{i1} oder e_{i2} angeben unabhängig vom wahren Wert. Entsprechend einer vorher vereinbarten Allokationsregel erfolgt in Abhängigkeit von den Mitteilungen eine Auszahlung $g(v_1, v_2) \gtrless 0$ von Haushalt 2 an Haushalt 1.
Unter der Menge aller zulässigen Allokationsregeln soll eine effiziente gewählt werden. Viele Regeln allerdings (im allgemeinen auch alle Regeln, die zu einem optimalen Risikoaustausch führen) sind

jedoch nicht durchsetzbar, weil sie von Informationen abhängen, die zu enthüllen die privaten Wirtschaftssubjekte keinen Anreiz haben.
Die Menge erreichbarer Allokationen ist somit durch die Bedingung der Anreizverträglichkeit eingeschränkt: Wenn der andere Haushalt die Wahrheit sagt, muß es im eigenen Interesse sein, dies ebenfalls zu tun; wahre Mitteilungen müssen ein Nash-Gleichgewicht darstellen. Angenommen, der andere Haushalt sagt die Wahrheit, dann darf der erwartete Nutzen aus einer Allokationsregel bei falschen Angaben nicht höher sein als bei wahren Angaben. Die Erwartungen sind dabei bedingte subjektive Wahrscheinlichkeiten im Sinn von Bayes über die Erstausstattung des anderen Haushaltes (e_{-i}), gegeben die eigene Beobachtung e_i.
Diese Restriktion führt zu einer Reihe von Ungleichungen für jeden Haushalt, von denen jeweils mindestens eine bindend sein wird. Für Haushalt 1 etwa lauten die self-selection Beschränkungen:

$$EU(e_{11}+g(v_{11},e_2)) \geq EU(e_{11}+g(v_{12},e_2))$$

$$EU(e_{12}+g(v_{12},e_2)) \geq EU(e_{12}+g(v_{11},e_2))$$

Entsprechend der Unabhängigkeit der Zufallsvariablen seien auch die bedingten subjektiven Wahrscheinlichkeiten über die Erstausstattung des anderen Haushaltes jeweils unabhängig von der eigenen Beobachtung. Wie sich leicht zeigen läßt, macht dann, die früheren Überlegungen bestätigend, die Bedingung, Kontrakte anreizverträglich zu gestalten, im konkreten Fall einen Risikoaustausch völlig unmöglich. Wegen monotoner Präferenzen sind nämlich die angeführten Bedingungen genau dann erfüllt, wenn gilt:

$$e_{11}+pg(v_{11},e_{21})+(1-p)g(v_{11},e_{22}) \geq e_{11}+pg(v_{12},e_{21})+(1-p)g(v_{12},e_{22})$$

$$e_{12}+pg(v_{12},e_{21})+(1-p)g(v_{12},e_{22}) \geq e_{12}+pg(v_{11},e_{21})+(1-p)g(v_{11},e_{22})$$

Daraus folgt:

$$pg(v_{11},e_{21})+(1-p)g(v_{11},e_{22}) = pg(v_{12},e_{21})+(1-p)g(v_{12},e_{22})$$

Das bedeutet: die Auszahlungsregel muß unabhängig von der eigenen Mittteilung v_i sein, somit unabhängig von der Realisation der eigenen Zufallsvariablen (beide Anreizrestriktionen werden bindend). Analoges gilt für Haushalt 2. Verträge müssen also so abgeschlossen werden, daß die Auszahlungen nicht von der Realisation der individuellen Zufallsvariablen abhängen - ein Risikoaustausch ist somit nicht möglich.

Bei der Formalisierung asymmetrischer Information sind 3 Hauptkategorien zu unterscheiden:

1) Die eingangs beschriebene Situation: Kontrakte werden abgeschlossen, bevor die Individuen selbst Information über ihre eigenen (privaten) Charakteristika erhalten erhalten. Wie oben anhand des Beispiels gezeigt, verhindert in diesem Fall die Forderung nach Anreizverträglichkeit jeden Risikoaustausch; das Gleichgewicht ist damit auch in einem im Vergleich zu Radners Definition allgemeineren Sinne effizient relativ zur Informationsstruktur - freilich nur unter der Voraussetzung, daß es nicht möglich ist, zur Verifizierung entsprechende Informationen zu kaufen.

2) Zum Zeitpunkt des Vertragsabschlusses kennen die Individuen ihre persönlichen Charakteristika; die Vertragspartner aber können diese nicht beobachten und sind deshalb darauf angewiesen, Kontrakte so zu formulieren, daß es nicht individuell rational ist, falsche Angaben über die persönlichen Eigenschaften zu machen, um so günstigere Konditionen zu erhalten. Wird die private Information enthüllt, müssen Kontraktangebote demnach so gestaltet sein, daß Individuen mit unterschiedlichen Charakteristika unterschiedliche Kontrakte wählen (adverse selection).

3) Die Wirtschaftssubjekte können nach Vertragsabschluß Handlungen vornehmen, die das Eintreten bestimmter Ereignisse beeinflussen. Könnte der Vertragspartner diese Handlungen überwachen, würden die Verträge in Abhängigkeit von den zu beobachtenden Aktionen spezifiziert. Falls eine Nachprüfung aber nicht möglich ist, entsteht ein Anreizproblem: Wie kann ein Individuum veranlaßt werden, Handlungen zu wählen, deren Ertrag nur teilweise ihm selbst zufällt?
In der Versicherungsliteratur wird dieses Problem als "moral hazard" bezeichnet; für die einzelnen Wirtschaftssubjekte ist es rational, sich "unmoralisch" zu verhalten, d.h. Informationsvorteile auszunutzen. Dieser Mangel an "Moral" verhindert effiziente ex-ante-Kontrakte: Zulässig sind wiederum nur Verträge, die eine self-selection-Beschränkung erfüllen.

In allen Fällen stellt die individuelle Nutzung privater Information das Kernproblem dar. Die Gestalt anreizverträglicher Kontrakte ist jedoch in den Fällen 2) und 3) wesentlich schwieriger zu charakterisieren. Um die analytischen Schwierigkeiten, die adverse-selection- und moral-hazard-Phänomene mit sich bringen, zu vermeiden, betrachtet das in Teil 2 dieser Arbeit entwickelte Modell nur den ersten Aspekt (Vertragsabschluß, bevor die Wirtschaftssubjekte ihre private Information erhalten haben). Der Verzicht auf Risikoaustausch ist dort allerdings nicht effizient, weil es möglich ist, Information zu fixen Kosten zu kaufen.

Ausgehend von der Erkenntnis, daß asymmetrische Information in einer Vielzahl von Fällen für die Unvollständigkeit von Märkten verantwortlich ist, hat diese Fragestellung in den letzten Jahren im Rahmen der ökonomischen Theorie zunehmend Beachtung gefunden. Asymmetrische Information definiert konkrete Restriktionen für die Zahl zulässiger Kontrakte, die nicht nur eine effiziente Allokation a la Arrow-Debreu verhindern, sondern auch ganz andere Eigenschaften aufweisen wie etwa Mengenrationierung, langfristige persönliche Bindungen mit fixen Zahlungen etc. Der Ansatz erwies sich als höchst fruchtbare Methode, reale Phänomene zu erfassen, die in der traditionellen Analyse, wenn überhaupt, nur recht unbefriedigend behandelt werden.

Die Formalisierung der Beschränkungen macht es möglich, verschiedene soziale Institutionen als Alternativen für unzulässige Kontrakte zu betrachten. In den folgenden Kapiteln wird dies anhand von Versicherung, Geld, Banken und langfristigen Bindungen geschehen. In welcher Weise asymmetrische Information jeweils modelliert wird, hängt dabei sehr stark von der jeweiligen konkreten Fragestellung ab. Daß sie auch für die monetäre Theorie von entscheidender Bedeutung ist, läßt sich an mehreren Beispielen belegen:

- Ist die Bonität eines zinsbringenden Wertpapieres (etwa wegen des Bankrottrisikos) ohne zusätzliche Information nicht erkennbar, kann dieses Papier von einer zinslosen Vermögensanlage mit allgemein bekannter Qualität dominiert werden. Allgemeiner: herrscht auf einem Markt unvollständige Kenntnis über die Kreditwürdigkeit eines Käufers, dann ist die Zahl der Transaktionen durch eine Solvenzanforderung stark eingeschränkt.
  Die verminderte Kreditfähigkeit führt zwangsläufig zu einer natürlichen Folge von Budgetrestriktionen. Sie erfordert unmittelbare

reale Gegenleistungen oder zumindest die Überprüfung der Bonität des persönlichen Zahlungsversprechens. Statt jeweils die damit verbundenen Informationskosten aufzubringen, kann es sinnvoll sein, ein allgemein akzeptiertes anonymes Vermögenspapier (outside money) einzuführen.

- Herrscht bei einer Kreditvergabe Unklarheit über die Qualität des zu finanzierenden Risikos (etwa weil nicht bekannt ist, welcher Risikoklasse der potentielle Kreditnehmer beziehungsweise das fragliche Projekt zuzurechnen ist - Problem der "adverse selection"), wird die Zahl der finanzierbaren Projekte stark eingeschränkt: Es gibt keinen vollkommenen Kapitalmarkt.
  Während in einer Arrow-Debreu-Welt ein Projekt immer dann durchgeführt wird, wenn die Summe der abdiskontierten Erträge die Ausgaben übersteigt (die Finanzierungsart ist dabei irrelevant), ergeben sich hier strenge Kreditrestriktionen. Kann die Unkenntnis durch Kauf zusätzlicher Informationen gemildert werden, dann werden Finanzintermediäre solche "screening costs" übernehmen, weil sie - wegen der Eigenschaft von Informationskosten als set-up costs - Größenvorteile realisieren können.
- Gläubiger können unter Umständen nach der Kreditvergabe die Handlungen ihrer Schuldner nicht kostenlos direkt kontrollieren. Während die Kreditgeber an der Minimierung der Bankrottwahrscheinlichkeit interessiert sind, ist der Kreditnehmer nur an den Zuständen interessiert, die einen hohen Erfolg bedeuten. Der Einfluß von Handlungen des Kreditnehmers auf die Interessen der Kreditgeber, der in einer Welt perfekter Information durch kontingente Verträge internalisiert werden würde, bleibt unberücksichtigt (die Problematik ist evident am Beispiel der Beleihung von Humankapital). Auch hier können Finanzintermediäre bei Informationskosten durch die Realisierung von Skalenerträgen die Zahl zulässiger Kontrakte erweitern.
- Ebenso gelten analoge Argumente auch für Finanzintermediäre selbst: Kann ein Anleger nicht die Qualität (Bonität) verschiedener konkurrierender Intermediäre unterscheiden, dann sieht eer sich wieder mit ähnlichen Schwierigkeiten konfrontiert (gleiches gilt für Kreditkarten etc.).

Der Gedanke, daß Informationsproblemen bei der Analyse von monetären Phänomenen eine zentrale Funktion zufällt, ist gewiß nicht besonders originell, sondern findet sich in zahlreichen Aufsätzen zur Geldtheorie (vgl. etwa Brunner/Meltzer (1971); als Überblick Niehans (1978)).

In Teil 2 wird jedoch versucht, den Ansatz in einem Modell präzise zu formalisieren und aufzuzeigen, daß er zu fundamental anderen Aussagen führt als Analysen, die Geld einfach als weiteres Gut in traditionelle Modelle einbauen. Es soll dies der Versuch sein, Skepsis gegenüber Ansätzen zu wecken, die behaupten, die Ergebnisse der Gleichgewichtstheorie seien auf eine Geldwirtschaft übertragbar, wenn man nur Informationskosten in entsprechender Weise berücksichtigen würde, und man könnte deshalb gleich von vorneherein ganz auf die Modellierung solcher Informationsaspekte verzichten.

2. Geld und asymmetrische Information

> Money ... takes the place of insurance for a host of risks that are insurable, if at all, only at very high cost. This is true even of risks that are small for the economy at large though significant for individuals. If you are stranded in a strange town, it is unlikely that the taxi driver or innkeeper happens to want a lecture or offprint on general equilibrium. It is also unlikely that you previously had or seized the opportunity to contract for the delivery of their services in the precise contingency.
>
> Tobin (1980)

2.1. Grundmodell

In diesem Abschnitt geht es darum, alternative soziale Institutionen (konkret: Versicherungsgesellschaften, Geld sowie persönliche Bindungen) zu diskutieren, die als Substitut für solche Kontrakte dienen können, welche aufgrund individuell rationalen "unmoralischen" Verhaltens (dem Ausnutzen von Informationsvorteilen) nicht zustande kommen können.
Die Grundidee läßt sich grob so beschreiben: Die Wirtschaftssubjekte sehen sich mit individuellem Risiko über die Realisation ihrer Erstausstattung e_i (ein nicht lagerfähiges Gut) konfrontiert. Ist eine bestimmte Realisation eingetreten, kann sie nur (privat) von dem Betroffenen selbst beobachtet werden. Ein ex ante für alle vorteilhafter Risikoaustausch ist somit nicht durchführbar, weil nicht anreizverträglich.
Erst wenn sie Informationskosten aufwenden, können auch andere die Realisation der privaten Zufallsgröße verifizieren: Jeder Vertragspartner, der die tatsächliche Höhe e_i beobachten will, muß - unabhängig von der Höhe e_i - Verifikationskosten in Höhe $k>0$ aufwenden. Diese fixen Kosten sollen den Charakter von Informationskosten als set-up Kosten modellieren.

Die eingeführte Friktion privater Information hat folgende Wirkung: Ein eigentlich im Interesse aller Beteiligten liegender Risikoaustausch ist nicht realisierbar. Obwohl kooperatives Verhalten ex ante alle besser stellen würde, ist es keine individuell rationale Strategie; gegeben, daß sich alle anderen kooperativ verhalten, lohnt es

sich nämlich, zu betrügen. Eine Verpflichtung zur Wahrheitstreue, die solche Kontrakte ermöglichen würde, ist nicht verbindlich durchsetzbar; Risikokontrakte sind dynamisch nicht konsistent.
Nur anreizverträgliche Kontrakte sind zulässig. Diese führen zu einem Gleichgewicht, welches relativ zur besten aller denkbaren Welten suboptimal ist: Im gewählten Modell etwa wäre ohne Verifikation Risikoaustausch völlig unmöglich; Verifikation aber bedeutet eine Verwendung von Ressourcen für eine an sich völlig unproduktive Tätigkeit: private Information öffentlich zu machen. Dadurch wird die Suche nach alternativen sozialen Institutionen stimuliert. Und in der Tat ist es möglich, Mechanismen einzuführen, die gegenüber dem nicht-kooperativen Gleichgewicht Verbesserungen relativ zur vorgegebenen Informationsstruktur bringen.
So können sich einmal aufgrund der Informationsstruktur Versicherungsgesellschaften bilden: Sie spezialisieren sich darauf, Versicherungskontrakte gegen zu niedrige Realisationen (Schäden) anzubieten und bringen im Schadensfall zur Beobachtung der tatsächlichen Schadenshöhe e_i jeweils die Kosten k auf.
Die Institution Versicherung zentralisiert auf natürliche Weise die Informationskosten: Es gibt nicht mehrere Vertragspartner, die alle gleichzeitig e_i beobachten müßten (so daß bei allen jeweils die Kosten k anfielen). Die einzelnen Wirtschaftssubjekte werden sich gegen hohe Risiken (niedrige Realisationen der Erstausstattung) versichern, während es nicht lohnt, für geringe Risiken die Verifikationskosten aufzubringen. Die Versicherungsverträge müssen anreizverträglich sein: Sie bestimmen, daß Schäden nur dann kompensiert werden, wenn verifiziert worden ist, daß die Schadenshöhe korrekt angegeben wurde.

Wird die Betrachtung auf mehrere Perioden ausgedehnt, kann die Einführung der Institution Geld als einem anonymen, an sich wertlosen Stück Papier Allokationsverbesserungen gegenüber der Versicherungslösung ermöglichen. Unter gewissen Bedingungen ist es für die Wirtschaftssubjekte von Vorteil, in Perioden überdurchschnittlicher Realisationen einen Teil der (nicht lagerfähigen) Erstausstattung gegen Geld zu tauschen, um es in ungünstigeren Zeiten wieder auszugeben, statt die mit der Versicherung verbundenen (ihrem Wesen nach unproduktiven) Verifikationskosten in Kauf zu nehmen.
Solange die Vorteile nicht durch den damit verbundenen Verlust an Zeitpräferenz ausgeglichen werden, erhöht Geld damit die Effizienz im Sinn einer Ersparnis an Informationskosten. Wenn diese Institution im

Interesse aller Beteiligten liegt, ist es für die Marktteilnehmer rational, sich darauf zu einigen, derartige ungedeckte Wertpapiere (outside money) einzuführen.
Bei einer Mehrperiodenbetrachtung eröffnen sich neben der Institution Geld aber auch Chancen für eine andere soziale Institution, die dazu beitragen kann, kooperatives Verhalten individuell rational zu machen: nämlich langfristige Bindungen. Die intuitive Überlegung, die hinter langfristigen Kontrakten steht, ist recht einfach: Ermöglicht eine langfristige Bindung Vorteile im Sinn einer Annäherung an die first-best Situation, ohne Informationskosten aufwenden zu müssen, dann liegt es im Eigeninteresse aller Vertragspartner, zu kooperieren, um die Vorteile langfristig aufrechtzuerhalten. Die Drohung, solche Bindungen als Strafe für abweichendes Verhalten abzubrechen, kann unter Umständen Kooperation als individuell rationales Verhalten erzwingen.

Die ausdrückliche Formalisierung der Informationsstruktur in Form plausibler Restriktionen an die Zahl zulässiger Verträge kann somit durch eine minimale Uminterpretation des Arrow-Debreu-Modells einige zentrale Institutionen (Versicherungen, langfristige Kontrakte und Geld) in die Analyse miteinbeziehen, für die es in diesem Modell selbst keinerlei Verwendung gibt. Geld etwa dient nun als Wertaufbewahrung zur Sicherung gegen kleine, unvorhergesehene Risiken. Für solche Risiken ist der Verzicht auf die Realisierung von Zeitpräferenzvorteilen einer Versicherung mit Informationskosten, bzw. allgemeiner den Kosten von privaten Kontrakten vorzuziehen, die aufgrund eines Mangels an Vertrauen entstehen.

Im folgenden werden schrittweise die verschiedenen Institutionen eingeführt und diskutiert. Zunächst werden in einer einfachen Zwei-Perioden-Betrachtung Geldhaltung und Versicherung in einem individuellen Optimierungskalkül gegenübergestellt und später im Rahmen eines langfristigen Gleichgewichtsmodells analysiert. Schließlich werden auch langfristige Kontrakte betrachtet. Die Rahmenbedingungen sind jedoch bereits im nächsten Abschnitt im Hinblick auf das Gleichgewichtsmodell formuliert, das allen Überlegungen zugrunde liegt (vgl. Abschnitt 2.1.2.). Deshalb soll schon vorab zur Vorbereitung die Struktur der Gesamtökonomie kurz beschrieben werden.[1)]

2.1.1. Grundstruktur

Das Modell ist eine Weiterführung von Bewley (1980, 1983) und Hellwig (1982). Statt wie dort einfach die Unmöglichkeit von Versicherung vorauszusetzen, machen hier Informationsasymmetrien in einem bestimmten Teilbereich Versicherungskontrakte im Vergleich zu Geldhaltung unrentabel. Die Friktionen, die zu Geldhaltung führen, werden - unter Verwendung einer von Townsend formulierten Ansatzes - explizit formuliert.

In der Ökonomie gibt es unendlich viele identische Wirtschaftssubjekte mit jeweils unendlichem Zeithorizont. Die Haushalte maximieren die von Neumann/Morgensternsche Nutzenfunktion $W = \sum_{t=1}^{\infty} \delta^{t-1} EU(c_t)$. Sie diskontieren den Zukunftskonsum mit der einheitlichen Diskontrate $\delta \leqq 1$ ab. Zudem gelte für die Nutzenfunktion U: sie ist zweimal stetig differenzierbar, streng zunehmend in c ($U'>0$) und streng konkav ($U''<0$).
Jeder Haushalt erhält in jeder Periode t als individuelle Erstausstattung die Menge e_t eines (nicht lagerfähigen) Konsumgutes als Zufallsvariable e_t $(0 \leqq e_t \leqq \tilde{e})$ mit der Verteilungsfunktion $F(e') = \int f(e)de$ mit $0<F(0)<1$. e_t folgt über die Zeit hin einem stationären Zufallsprozeß, der identisch und unabhängig verteilt ist.[1)]
Die Risiken der einzelnen Haushalte sind voneinander unabhängig, so daß die durchschnittliche Erstausstattung in jeder Periode mit Wahrscheinlichkeit 1 gleich dem Erwartungswert der individuellen Zufallsvariable E(e) ist. Ein einzelner Haushalt hat keinen Einfluß auf die durchschnittliche Erstausstattung (er ist vom Maß Null). Zudem gleicht die Verteilung über alle Haushalte der zugrundeliegenden Wahrscheinlichkeitsverteilung F(e).
Diese Annahmen sollen rein individuelles Risiko, die Abwesenheit von sozialem Risiko modellieren. Die Haushalte unterscheiden sich je Periode durch die Realisation der Erstausstattung. Dies ist die einzige Heterogenität; ein Risikoaustausch könnte somit den erwarteten Nutzen aller Haushalte erhöhen. In einer Welt kostenloser Versicherungskontrakte wäre die effiziente Gleichgewichtsallokation sehr einfach zu ermitteln: Jeder erhält durch Umverteilung in jeder Periode genau den Erwartungswert E(e) der Erstausstattung.

2.1.2. Individuelles Optimum

In diesem Abschnitt soll für einen Haushalt anhand eines einfachen Zwei-Perioden Modells analysiert werden, unter welchen Bedingungen Geldhaltung einen Wohlfahrtsgewinn durch die Einsparung von Verifikationskosten einer Versicherung ermöglicht.
Der Haushalt sieht sich folgendem Problem gegenüber: In der Anfangsperiode t verfügt er nach der Realisation der Zufallsvariablen e_t über eine bekannte Anfangsausstattung w_o. Die Erstausstattung der zweiten Periode (t+1) ist dagegen unsicher (eine Zufallsvariable e_{t+1} mit der Verteilungsfunktion F(e)). Um sich zumindest teilweise gegen das Risiko abzusichern, stehen dem Haushalt folgende Alternativen zur Verfügung:

1. Er kann für die zweite Periode einen Versicherungskontrakt mit einer risikoneutralen[2)] Versicherung abschließen, die ihren erwarteten Gewinn maximiert. Wegen freien Marktzugangs muß der erwartete Gewinn gleich Null sein. Aufgrund der asymmetrischen Informationsstruktur (kostenlos kann der einzelne nur seine eigene Realisation beobachten) und dem damit verbundenen Anreizproblem ist eine kostenlose Versicherung, die jedem einzelnen genau den Erwartungswert garantiert, nicht möglich.
   Die Versicherung ist auf Mitteilungen v des Haushaltes angewiesen, um Versicherungsleistungen g(v) zu ermöglichen. Eine Überprüfung seiner Angaben v erfordert die Zahlung von Verifikationskosten k. Damit wird Versicherung teurer als Versicherung zu fairen Prämien; eine Vollversicherung ist auch bei Risikoaversion nicht mehr nutzenoptimal.
   In der Sprache der Arrow-Debreu-Theorie: für bestimmte (individuelle) Zustände der Welt erfolgt kein Tausch kontingenter Güter; es gibt also keine vollständige Menge von Märkten. Die Ableitung optimaler Versicherungskontrakte unter den beschriebenen Bedingungen bedeutet zugleich die endogene Bestimmung der Zahl der gehandelten "Güter" und der resultierenden Informationsstruktur.

2. Da vollständige Risikoversicherung zu teuer ist, kann es für den Haushalt vorteilhaft sein, einen Teil seiner (nicht lagerfähigen) Anfangsausstattung w_o in Geld anzulegen. Beträgt der Güterpreis in Geldeinheiten p_t, so erhält er dafür die Geldmenge $M_t=p_t(w_o-c_t)$.

Der Realwert der Geldhaltung beträgt $m_t=M_t/p_t=w_o-c_t$. In der nächsten Periode wird der Haushalt das Geld in das Konsumgut zu dem sich dann auf dem Markt bildenden Gleichgewichtspreis des Gutes in Geldeinheiten p_{t+1} umtauschen. Der erwartete Realwert des Geldes hängt vom erwarteten Güterpreis p_{t+1*} ab.
Im folgenden werden nur stationäre Gleichgewichte mit konstanter Geldmenge betrachtet, so daß für rationale Preiserwartungen gelten muß: $p_{t+1*}=p_{t+1}=p$. Zudem seien vorerst Gleichgewichte ausgeschlossen, in denen Geld keinen positiven Wert hat (wie im nächsten Abschnitt erläutert, kann es freilich durchaus ein rationales Erwartungsgleichgewicht sein, wenn alle Haushalte erwarten, keiner sei bereit, in der nächsten Periode Geld zu akzeptieren: $p_{t+1*}=p=\infty$). Im betrachteten stationären Fall beträgt der erwartete Realwert der Geldhaltung in der nächsten Periode somit: $M_t/p_{t+1}=m_t=m$.

Das individuelle Optimierungskalkül läßt sich nun als folgendes dynamisches Optimierungsproblem formulieren (um die Darstellung übersichtlich zu halten, werden Zeitindizes vernachlässigt, sofern Verwechslungen ausgeschlossen sind):

(1) $\text{Max } U(c_t) + \delta \int_0^{\tilde{e}} U(c_{t+1}) f(e) de$ bei:

(2a) $c_t=w_o - m$

(2b) $c_t \geq 0; \ m \geq 0$

(2c) $c_{t+1}=m+e+g(v(e))$

(2d) $\int (g(v(e))+k(v(e)))f(e)de = 0$

(2e) $c_{t+1} \geq 0$

Der Haushalt hat für jede Periode eine eigene Budgetrestriktion (2a und 2c), wobei Geld Einkommenstransfers von t nach t+1 ermöglicht. Der Konsum in t+1 setzt sich zusammen aus der Realgeldmenge m (die den Konsum in t reduziert) sowie der Realisation der Zufallsvariablen e und der Versicherungsleistung in Abhängigkeit von der Mitteilung v:g(v(e)). Bedingung (2d) ist die Nullgewinnbedingung der Versicherung: Die insgesamt erwarteten Versicherungsleistungen einschließlich der erwarteten Verifikationskosten müssen Null sein.

Als Lösungsweg empfiehlt es sich, in einem ersten Schritt die optimale Versicherungsstrategie, deren Existenz für alle m vorausgesetzt wird, für eine vorgegebene reale Geldmenge m zu bestimmen. Dieses Verfahren, für jeden vorgegeben Wert von m durchgeführt, liefert die indirekte Nutzenfunktion (Bellman-Funktion):[3]

$$(3)\ V(m) := \left\{ \max EU(c_{t+1}) \text{ bei } (2c), (2d), (2e) \right\}$$

In einem nächsten Schritt läßt sich dann die nutzenmaximale Geldmenge über die beiden Perioden ermitteln.

Damit die Versicherungsstrategie näher beschrieben werden kann, muß man zunächst die Gestalt eines anreizverträglichen Versicherungskontraktes bestimmen. Nach Townsend (1979) hat er folgende Eigenschaften: Der kontingente Vertrag, abgeschlossen vor der Realisation der Zufallsvariablen, spezifiziert eine Verifikationsregion V (mit dem Komplement V_C). Nachdem der Versicherungsnehmer die Realisation e beobachtet hat, teilt er der Versicherungsgesellschaft die Angabe v(e) mit. Der Vertrag bestimmt, daß der Versicherungsnehmer unabhängig von v eine Zahlung ß (als Versicherungsprämie) leisten muß.
Wenn nun v innerhalb der Verifikationsregion liegt, überprüft die Versicherung seine Angaben, wendet dafür die erforderlichen Kosten k auf und zahlt bei korrekter Angabe gemäß einer vorher vereinbarten Auszahlungsregel den Bruttobetrag g(v)+ß: = q(v). Der Versicherungsnehmer wird also für $v \varepsilon V$ niemals falsche Angaben machen, weil er weiß, daß sie falsifiziert werden würden (zusätzlich könnte bei falscher Angabe eine Strafe festgelegt werden). Gibt er dagegen $v \varepsilon V_C$ an, erfolgt keine Verifikation, aber auch keine Auszahlung (q(v)=0, damit g(v)=-ß für $v \varepsilon V_C$).

Dieser Vertrag ist offensichtlich anreizverträglich; das heißt, ein Versicherungsnehmer kann aus falschen Angaben keinen höheren Nutzen ziehen. Es gilt also für alle e:

$$U(e+q(v=e)-ß) \geq U(e+q(v)-ß) \quad \text{für alle } v$$

Wäre für $v \varepsilon V_C$ die Auszahlung von v abhängig, so wäre es rational, den Wert $v \varepsilon V_C$ anzugeben, der die Zahlung q(v) maximiert (egal wie hoch e tatsächlich ist). Da aber der Auszahlungsbetrag außerhalb der Verifikationsregion konstant ist, kann sich der Versicherungsnehmer unabhängig davon, welche konkrete Mitteilung er macht, in keinem Fall besser stellen; er wird auch keine Verifikation verlangen, da dann seine

Angaben automatisch falsifiziert werden würden. Für $e \varepsilon V_C$ wird die self-selection-Beschränkung wirksam: Sie verhindert Vollversicherung, der Versicherungsnehmer trägt in dieser Region das Risiko selber.

Liegt $e \varepsilon V$, dann verlangt Anreizverträglichkeit, daß der Nutzen der Auszahlung q(e) bei wahrer Angabe den Nutzen aus einer falschen Angabe $v \varepsilon V_C$ übersteigt. Der Versicherungsvertrag ist auf jeden Fall anreizverträglich, falls im Schadensfall $e \varepsilon V$ die Bruttokompensation positiv ist: q(e)>0. Denn dann ergibt sich eindeutig: U(e+q(e)-ß) > U(e-ß).

Diese Überlegungen beschreiben einen im Grunde sehr simplen Sachverhalt: Ist $e \varepsilon V$, dann gewährt die Versicherung bei wahrer Angabe (die sie jeweils überprüft) eine Bruttokompensation. Der Versicherungsnehmer hat daher ein Interesse, seinen Schaden anzugeben. Gilt andrerseits $e \varepsilon V_C$, muß der Versicherungsnehmer die Prämie ß zahlen unabhängig davon, welche Mitteilung er macht; durch falsche Angaben kann er sich (bei Strafen) höchstens schlechter stellen.
Townsend (1979) gibt eine exakte Beschreibung des optimalen Kontrakts: Bei risikoaversem Verhalten des Versicherten sind V und V_C trotz der unterstellten Nichtkonvexität (als Folge der Informationstechnologie) jeweils konvexe Mengen. Mit anderen Worten: es gibt eine Verifikationsgrenze $\underline{e}$, und für alle Realisationen unterhalb dieser Grenze ($0 \leq e \leq \underline{e}$) (d.h. für hohe Schäden) werden positive Versicherungsleistungen gezahlt. Für alle höheren Realisationen dagegen ist es nicht rentabel, die Verifikationskosten zu tragen; das Risiko wird im Fall niedriger Schäden selbst übernommen.
Zudem besteht innerhalb der Verifikationsregion eine Art Vollversicherung: Die Versicherung zahlt jeweils eine Kompensationszahlung von solcher Höhe, daß der Konsum c in V konstant ist: $\bar{c}$ = e+q(e)-ß; die Versicherungsleistungen füllen also jeweils die Differenz zwischen dem eigenen Einkommen und der garantierten Konsumhöhe auf; die Bruttoschadenszahlung beträgt q(e)=$\bar{c}$-e+ß. Zur Vereinfachung späterer Rechenvorgänge wird von nun an die (konstante) Summe aus Bruttozahlung und Erstausstattung mit a = e+q(e) bezeichnet. Dann gilt: $\bar{c}$ = a-ß.

Graphisch läßt sich das Konsumprofil in Abhängigkeit von der Zufallsvariablen e wie in Abbildung 2.1. darstellen: Aufgrund des Versicherungsvertrags konsumiert der Versicherungsnehmer für $e \leq \underline{e}$ mit Sicherheit den konstanten Betrag $\bar{c}$=a-ß (unabhängig von e). Für $e > \underline{e}$ trägt er das Risiko selbst (c=e-ß).

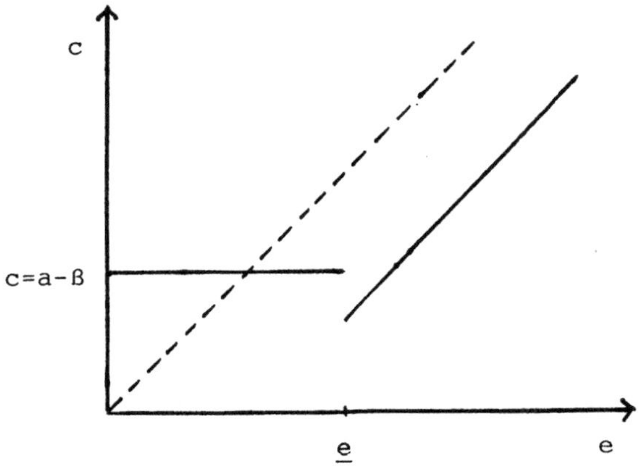

Verifikationsregion
Abbildung 2.1.

Die Charakterisierung des optimalen Versicherungsvertrages wird wesentlich komplexer, falls keine eindeutige Verifikation möglich ist, der Kauf von Information also Rauschen (noise) enthält und/oder falls auch stochastische Kontrollmaßnahmen erfolgen können. So hat Townsend (1979) an einem Beispiel gezeigt, daß stochastische Kontrollen einen deterministischen Kontrakt dominieren können.
Der hier skizzierte Versicherungskontrakt ist folglich optimal nur unter der Menge aller deterministischen Verifikationsprozeduren. Um zu vermeiden, daß die Analyse komplizierter wird, werden hier jedoch keine stochastischen Kontrollen betrachtet.

Nachdem nun die Gestalt des anreizverträglichen Versicherungskontraktes beschrieben ist, können die Nebenbedingungen (2c) und (2d) konkret formuliert werden als:

(2c') $$c_{t+1} = \begin{cases} m+a-ß & \text{für } 0 \leq e \leq \underline{e} \\ m+e-ß & \text{für } e > \underline{e} \end{cases}$$

(2d') $$\int_0^{\underline{e}} (a+k-e)f(e)de = ß$$

Die Lagrangefunktion zur Bestimmung des individuellen Versicherungsoptimums lautet dann:

$$L = U(m+a-ß)F(\underline{e}) + \int_{\underline{e}}^{\tilde{e}} U(m+e-ß)dF(e) - \mu \left[(a+k)F(\underline{e}) - \int_0^{\underline{e}} edF(e) - ß \right]$$

Daraus ergeben sich als Bedingungen 1. Ordnung:

$U'(m+a-ß)F(\underline{e}) = \mu F(\underline{e})$

$U'(m+a-ß)F(\underline{e}) + EU'(m+e-ß) = \mu$

$U(m+a-ß) - U(m+\underline{e}-ß) = U'(m+a-ß)(a+k-\underline{e})$

Aus der Bedingung (2d') schließlich erhält man als Grenzkosten einer höheren Verifikationsgrenze $\underline{e}$:

$\partial ß/\partial \underline{e} = (a+k-\underline{e})f(\underline{e})$

Durch Umformung gelangt man zu den Bedingungen:

(4a) $U'(m+a-ß) = EU'(m+e-ß) \,/\, (1-F(\underline{e}))$

(4b) $\partial ß/\partial \underline{e} = U(m+a-ß)-U(m+\underline{e}-ß)\ f(\underline{e}) \,/\, U'(m+a-ß)$

Nach (4a) muß der Grenznutzen des Konsums in der Verifikationsregion gleich sein dem bedingten erwarteten Grenznutzen in der Risikoregion. Bedingung (4b) besagt, daß die Grenzkosten einer höheren Verifikationsgrenze $\partial ß/\partial \underline{e}$ gleich dem gewichteten diskreten Nutzenzuwachs durch die zusätzliche Versicherung sein muß.
Die Nichtstetigkeit des Konsums an der Stelle $\underline{e}$ ist eine Konsequenz der zugrundegelegten Art von Verfikationskosten als set-up-costs: Beim Übergang von Nichtversicherung zu Versicherung sind sprunghaft die Kosten k zu tragen. Um bereit zu sein, diese Kosten aufzubringen, ist ein diskreter Nutzenzuwachs erforderlich, ermöglicht durch höheren Konsum. Dieser Nutzenzuwachs wird gewichtet mit der Wahrscheinlichkeitsdichte $f(\underline{e})$ des Eintritts von $\underline{e}$ und bezogen auf den Grenznutzen des Konsums $U'(m+a-ß)$.

In einem zweiten Schritt bestimmt sich die optimale Geldhaltung nach dem Kalkül:

(5) $W(w_o) = \max \left\{ U(w_o-m) + \delta V(m) \right\}$ über m

Es sei angenommen, daß $W(w_o)$ zunehmend in w_o, streng konkav stetig und differenzierbar ist. Als Kuhn-Tucker-Bedingung erhält man dann:

(6) $\left[U'(m) - \delta V'(m) \right] m = 0; \quad m \geq 0; \ U'(m) \geq \delta V'(m)$

Mit zunehmender Zeitpräferenzrate nimmt der Konsum in der ersten Periode (c_t) zu, während er in der zweiten Periode (t+1) abnimmt.

Wegen der strengen Konkavität von U und V ergibt sich zudem, daß mit steigendem Anfangsvermögen w_0 der Konsum in beiden Perioden zunimmt. Der Haushalt wird also von einem höheren Anfangsvermögen nur einen Teil sofort konsumieren, während er den Rest in Geld anlegt.

Die entscheidende Frage lautet, unter welchen Bedingungen eine erhöhte Geldhaltung auch tatsächlich zu einer Reduzierung der Verifikationsregion $\underline{e}$ und damit zur Ersparnis an Informationskosten führt. Eine einfache Überlegung macht deutlich, daß Risikoaversion allein nicht ausreicht: Hat der Haushalt etwa konstante absolute Risikoaversion ($A = -U''/U' = const$; d.h. die Nutzenfunktion $U = -\exp(-Ae)$), dann verändert ein höheres Realvermögen die optimale Grenze $\underline{e}$ nicht. Konstante absolute Risikoaversion ist nämlich gleichbedeutend damit, daß die Höhe des getragenen Risikos unabhängig von der Höhe des Realvermögens ist; folglich wird mit zunehmendem Vermögen proportional immer weniger Risiko getragen (das Gut "Risiko" ist somit gerade an der Grenze zwischen inferiorem und superiorem Gut).
Diese Konsequenz von konstanter absoluter Risikoaversion wurde etwa von Arrow (1971, S. 90 ff.) als äußerst unplausibel kritisiert. Seitdem wird fast immer mit der stärkeren Hypothese abnehmender absoluter Risikoaversion (decreasing absolute risk aversion) gearbeitet. Sie impliziert, daß mit zunehmendem Vermögen mehr Risiko getragen wird. Das ist hier gleichbedeutend mit einer abnehmenden Verifikationsgrenze $\underline{e}$ bei höherer Geldhaltung: $\partial \underline{e}/\partial m < 0$.

Bei einer Ausdehnung des Zeithorizonts kann das stochastische Programmierungsproblem wegen der Unabhängigkeit der Risiken über die Zeit mit einer Verallgemeinerung des Bellman-Prinzips nach Methoden von Jack Schechtman[4] gelöst werden.

Für einen Planungshorizont von T Perioden lautet das Optimierungsproblem:

7) $\max \sum_{t=1}^{T} \delta^{t-1} EU(c_t)$ bei:

8a) $c_t + m_t = w_t$ für alle t

8b) $w_t = m_{t-1} + e_t + g_t(e_t)$ für alle t

8c) $c_t \geq 0$; $m_t \geq 0$ für alle t

Ziel ist, ein optimales (stochastisches) Programm für den Konsum, die Geldhaltung und die Verifikationsgrenze je Periode festzulegen: $\{c_t, m_t, e_t\}$ $t=1,\ldots,T$

Gegeben das Anfangsvermögen w, muß in der 1. Periode der Nutzen aus unmittelbarem Konsum heute abgewogen werden gegen den maximal erwarteten Nutzen aus der Geldhaltung für die T-1 verbleibenden Perioden. Wenn $W_T(w)$ der maximal erreichbare Nutzen über einen Planungshorizont T ist, muß also für die 1. Periode gelten:

$$9)\quad W_T(w) = \max\left\{U(c) + EV_{T-1}(m+e+g(e)) \text{ mit } c+m=w\right\}$$

$$W_1(w) = \max\left\{U(c) \text{ mit } c+m=w\right\}$$

Wieder sei angenommen, daß $W_T(w)$ zunehmend in w, streng konkav, stetig und differenzierbar ist (vgl. Schechtman (1976)).

Aus den Bedingungen 1. Ordnung erhält man eine Folge von Lagrangemultiplikatoren $\lambda_{tT}(e_1,\ldots,e_t)$ der Budgetrestriktionen für die Perioden $t = 1, \ldots, T$. λ_{tT} ist der Grenznutzen des Geldes in Periode t bei einem Planungshorizont T, gegeben die Kenntnis der bisher realisierten Folge von Erstausstattungen $e_1, \ldots, e_t$ (die Notation entspricht der von Bewley (1980).

Nach den Regeln stochastischer Optimierung gilt:

$$\lambda_{tT}(e_1, \ldots, e_t) \geq \delta E \lambda_{t+1,T}(e_1, \ldots, e_t)$$
mit "=" falls $m_{tT} > 0$

$$\lambda_{tT}(e_1, \ldots, e_t) \geq U'(C_{tT}(e_1, \ldots, e_t))$$
mit "=" falls $c_{tT} > 0$

m_{tT} (c_{tT}) ist die nutzenmaximale Geldmenge (nutzenmaximaler Konsum) in Periode t bei einem Planungshorizont T, gegeben die bisherigen Realisationen $(e_1, \ldots, e_t)$.

Für eine Ausdehnung des Zeithorizontes gilt:

$$\lambda_{t,T+1} \gtrsim \delta E \lambda_{tT}, \text{ wobei gilt: } \lambda_{t,T+1} \gtrsim \lambda_{tT}$$

Den Grenznutzen von Geld in der Periode t für einen unendlichen Zeithorizont erhält man aus dem Grenzprozeß $T \to \infty$.

Für den Konsum c_t und die Geldhaltung m_t hat Schechtman (1976), ohne eine Versicherungsmöglichkeit mit Verifikationskosten zu betrachten, folgendes bewiesen:
Falls der Haushalt nicht abdiskontiert (δ =1), gilt:

a) $\lim_{m \to \infty} c_t = E(e)$

Nur falls der Haushalt ausreichend mit Geld versorgt ist, entspricht der Konsum seinem durchschnittlichen Einkommen pro Periode, und der Grenznutzen des Geldes ist nahezu konstant ($\bar{\lambda} = U'(E(e))$). Ist sein Ausgangsvermögen aber entsprechend niedrig, dann wird die Unmöglichkeit, sich zu verschulden ($m_t \geq 0$), bindend; der Haushalt konsumiert weniger als E(e), um seine Geldhaltung entsprechend zu steigern. Es gilt:

b) $\lim_{t \to \infty} m_t = \infty$

Nach entsprechend langer Zeit akkumuliert der Haushalt genügend Geld, um sich dann einen konstanten Konsumstrom leisten zu können. Das bedeutet: es wird unendlich viel Geld akkumuliert, weil keine Grenzkosten in Form entgangener Zeitpräferenz bestehen. Die kostspielige Versicherungsmöglichkeit kann demzufolge nicht konkurrenzfähig sein.

Diskontiert der Haushalt dagegen den Zukunftskonsum ab, gibt es eine endliche maximale Geldhaltung $\bar{m}$ (vgl. Schechtman/Escudero, 1977). Steigt das Vermögen w_t über $\bar{m}$, wird unmittelbarer Konsum einer zusätzlichen Akkumulation von Geld vorgezogen. Der Verlust von Zeitpräferenz macht Geldhaltung kostspielig; sind die Verifikationskosten k einer Versicherung ausreichend niedrig und/oder ist die Zeitpräferenz entsprechend hoch, wird somit bei abnehmender absoluter Risikoaversion neben Geld auch Versicherung nachgefragt.

2.1.3. Allgemeines Gleichgewicht mit Geldhaltung

Im letzten Abschnitt wurde Geld in das mikroökonomische Maximierungskalkül als ein Wertpapier eingeführt, welches an sich keinen Nutzen besitzt. Der Haushalt zieht Nutzen allein aus dem Verzehr des Konsumgutes je Periode. Demnach ist der Nutzen von Geld abhängig von dem, was man letztlich dafür tauschen kann (oder, genauer, von dem, was man erwartet, damit tauschen zu können).
Daß der Nutzen des Geldes sich ableitet aus den Konsummöglichkeiten, die der Haushalt sich von der Geldhaltung verspricht, wird daran deutlich, daß Geld nicht als ein Argument in der direkten Nutzenfunktion erscheint, wohl aber in der indirekten V(m) (Bellman-Funktion). Dieses Vorgehen ermöglicht eine ausdrückliche Analyse von Bestimmungsgründen, die einem an sich nutzlosen Stück Papier eine ökonomische Funktion zuweisen - im Gegensatz zu dem wenig überzeugenden Ansatz, Geld unmittelbar als Argument in die Nutzen- oder Produktionsfunktion einzuführen und damit implizit das vorauszusetzen, was erst zu zeigen ist.

Der Verzicht darauf, Geldhaltung einen unabhängigen Nutzen zuzuweisen, der nicht aus einem mikroökonomischen Optimierungskalkül abgeleitet werden muß, führt allerdings zu einigen komplexen analytischen Problemen. Im letzten Abschnitt wurde einfach vorausgesetzt, es existiere ein stationäres Gleichgewicht, in dem Geld einen positiven Wert besitzt. Dabei ist jedoch folgendes zu beachten:

1) Gleichgewichte mit rationalen Erwartungen können in monetären Modellen nicht eindeutig sein - in der Regel gibt es sogar unendlich viele, sich selbst erfüllende rationale Erwartungsgleichgewichte. Denn auf jeden Fall ist ein mögliches Gleichgewicht mit rationalen Erwartungen, daß der Preis von Geld in jeder Periode gleich Null ist (nichtmonetäres Gleichgewicht): Weil jeder erwartet, daß Geld von niemandem akzeptiert wird, erfüllen sich diese Erwartungen von selbst.
Anders formuliert: befinden sich alle Haushalte vor der Einführung von Geld in einem Gleichgewicht, dann ist dies auch nach der Einführung einer zusätzlichen Transaktionsmöglichkeit immer noch ein zulässiges Gleichgewicht. Dies wurde zum ersten Mal von Hahn (1965) herausgearbeitet.

2) Geld wird beim Tausch gegen Güter nur akzeptiert im Vertrauen darauf, es wieder an andere weitergeben zu können - eine Art Kettenbriefreaktion. In einer Welt mit rationalen Erwartungen führt das zu folgendem Problem: Gibt es eine Endperiode, so wird in dieser letzten Periode niemand mehr Geld akzeptieren, weil er es selbst nicht mehr loswerden könnte.
Man reicht Geld wie eine heiße Kartoffel herum, der Preis für Geld in der letzten Periode ist gleich Null. In der Periode zuvor antizipieren die Wirtschaftssubjekte, ausgestattet mit rationalen Erwartungen, den Preisverfall und werden ihrerseits darauf verzichten, Papiergeld anzunehmen: Der Preis von Geld ist auch hier Null. Dies setzt sich fort bis zur Anfangsperiode (zum Endzeitpunktproblem vergleiche Bewley (1980, S. 184) und Hahn (1982, S. 5f.).
Soll diese unerfreuliche Konsequenz vermieden werden, muß gelten: Die Haushalte erwarten in jeder Periode mit positiver Wahrscheinlichkeit, daß Geld auch in der nächsten Periode einen positiven Tauschwert besitzt (vgl. dazu Grandmont (1983)).

Die Existenz eines monetären Gleichgewichts in einem allgemeinen Gleichgewichtsmodell kann auf folgende Arten sichergestellt werden:

a) Man könnte auf die Hypothese rationaler Erwartungen verzichten. Damit wären beliebige, willkürliche Erwartungen zulässig. Aus den in Kapitel 1.1. angeführten Gründen wird allerdings im Rahmen dieser Arbeit nicht auf die angenehme Arbeitshypothese rationaler Erwartungen verzichtet.

b) Nicht selten wird als Kunstgriff die Bedingung eingeführt, am Ende des betrachteten Zeitraums müßten die Wirtschaftssubjekte eine bestimmte Menge Geld als Steuern an die staatlichen Autoritäten abführen - so verfahren etwa Hahn (1973a), Starrett (1973) und Gale (1978). Dies ist ein legitimes Verfahren, um einen positive Geldwert zu erzwingen, ohne mit Modellen mit unendlichem Zeithorizont arbeiten zu müssen.

c) Das Endzeitpunktproblem wird vermieden, wenn die Ökonomie einen unendlichen Zeithorizont besitzt - sei es, weil die Gesellschaft - im Gegensatz zu den einzelnen Individuen - keine endliche Lebensdauer aufweist, sei es, weil die Wirtschaftssubjekte mit unendlichem Planungshorizont kalkulieren. In dieser Arbeit wird angenommen, die Lebensdauer aller Haushalte sei unendlich. Dies muß freilich nicht allzu wörtlich interpretiert werden: Man kann es etwa motivieren dadurch, daß Wirtschaftssubjekte bei ihren Planungen das Wohl künftiger Generationen miteinbeziehen (über Vererbung von Vermögen) oder aber durch eine Verknüpfung dieses Modells mit dem Modell überlappender Generationen.

Das "hot potato"-Phänomen ist eine ausgezeichnete Illustration für eine wesentliche Eigenschaft von Geld: Der Nutzen des Geldes ist nur ein indirekter, abgeleiteter. Geld wird nur angenommen, wenn man damit rechnen kann, es wieder weitergeben zu können. Ist niemand bereit, Geld anzunehmen, kann es seine Funktion nicht erfüllen.
Eine inflationäre Politik, die die Kosten der Geldhaltung (im Sinn entgangener Zeitpräferenzvorteile) erhöht, kann daher die wohlfahrtssteigernde Funktion von Geld zunichte machen. Der Wert von Geld wird bei genügend hoher Inflationsrate gegen Null gehen.

Die Methode, mit der im Modell die Existenz eines monetären Gleichgewichtes garantiert wird, ist einfach: Zu jedem Zeitpunkt gibt es Haushalte mit hoher Realisation der Erstausstattung, die bereit sind, einen Teil der Konsumgüter abzugeben, um dafür Geld als risikomindernde Anlage zu erwerben. Umgekehrt wollen viele Haushalte mit niedriger aktueller Realisation Geld gegen Konsumgüter tauschen.
Bei unendlicher Zahl der Marktteilnehmer ist damit ein stationäres Gleichgewicht (mit konstantem Güterpreis p) gewährleistet, wenn die Anfangsverteilung der Geldhaltung über alle Haushalte hin genau der entspricht, die sich auf lange Sicht in einem stationären Gleichgewicht einstellen würde.
Der Verzicht auf eine Analyse der Konvergenzbedingungen von beliebigen Anfangswerten aus ist strenggenommen nur gerechtfertigt, wenn die Ökonomie bereits unendlich lange besteht. In diesem Fall ist ein konstantes Preisniveau ein mögliches monetäres stationäres Gleichgewicht. Bei beliebigen Anfangswerten kann dagegen der Gleichgewichtspreis p im Zeitablauf im allgemeinen nicht konstant sein; stationäre Preiserwartungen wären nicht rational (vgl Hellwig (1982)). Eine Konvergenzanalyse würde freilich erheblich komplexere mathematische Methoden erfordern.

2.1.4. Langfristige Kontrakte

In den vorhergehenden Abschnitten wurden Ein-Perioden-Versicherungskontrakte und Geld als Institutionen eingeführt, die es möglich machen, Probleme aufgrund asymmetrischer Information zumindest teilweise zu überwinden. Doch ist der Erfindungsreichtum sozialer Institutionen damit keinesweg erschöpft.
In einer langfristigen Betrachtung erscheint es beispielsweise plausibel, daß sich ein gesellschaftlicher Moralkodex bildet, der das Ausnutzen von privaten Informationsvorteilen als schädigendes Verhalten abqualifiziert und soziale Ächtung als Sanktionsmechanismus einführt. In diesem Abschnitt sollen langfristige Bindungen als eine weitere mögliche Antwort auf das Anreizproblem analysiert werden.

Nichtkooperatives Verhalten (Ausnutzen von privaten Informationsvorteilen) ist in dem Ein-Perioden-Modell deshalb rational, weil keine Sanktionsmechanismen existieren, die ein Abweichen von der kooperativen Lösung bestrafen könnten. Je langfristiger dagegen die Bindungen sind, desto eher liegt es im Interesse von Vertragspartnern, zu kooperieren - vorausgesetzt, beide profitieren von einer längerfristigen Bindung und die Drohung, bei abweichendem Verhalten diese Beziehung abzubrechen, ist glaubwürdig (keiner der Beteiligten hat später ein Motiv, vorher angekündigte Strategien nicht durchzuführen).
Diese intuitiven Überlegungen wurden in jüngster Zeit in der Spieltheorie diskutiert unter dem Begriff der Superspiele (oder "repeated games"). Die Grundidee wurde etwa in der Oligopoltheorie mit großem Erfolg angewandt und läßt sich prinzipiell auch auf die Gestaltung langfristiger Versicherungsverträge übertragen.5)

Könnte etwa die Drohung, bei falschen Angaben von weiteren Versicherungsleistungen ausgeschlossen zu werden, wahre Mitteilungen erzwingen? Ziel eines solchen Arrangements muß es sein, zukünftige ökonomische Möglichkeiten vom heutigen Verhalten abhängig zu machen, um auf diese Weise die Vorteile eines nicht-kooperativen Verhaltens heute durch später daraus erwachsende Nachteile zu kompensieren.
Das Problem liegt hier wieder darin, zu prüfen, ob die Angaben korrekt sind. Denn wenn jeweils wieder Informationskosten aufgewendet werden müssen, ergeben sich aus langfristigen Verträgen gegenüber der in den vorigen Abschnitten beschriebenen Lösung keine Vorteile.

Jedoch sind bei langfristigen Bindungen Rückschlüsse auf das Verhalten in der Vergangenheit mit Hilfe statistischer Methoden möglich. So wären etwa Sanktionen der Versicherungsgesellschaft denkbar, wenn ein Versicherungsnehmer in der Vergangenheit eine überdurchschnittliche Häufung von Schadensmeldungen abgab. Die Schwierigkeit solcher statistischer Rückschlüsse liegt darin, eine Bestrafung trotz wahrer Angaben (wenn also tatsächlich eine lange Pechsträhne vorliegt) ebenso zu vermeiden wie eine Belohnung bei falschen Angaben (also die Fehler 1. und 2. Art der Testheorie).

Rubinstein und Yaari (1983) haben in einem interessanten Aufsatz gezeigt, daß für das Moral-Hazard-Problem (wenn also die Versicherungsgesellschaft die Handlungen der Versicherten, die die Risikoverteilung beeinflussen, nicht direkt beobachten kann) einfache Strafmechanismen ausreichen, um die kooperative (first-best) Lösung trotz Informationsproblemen durchzusetzen: Der Versicherungsnehmer muß eine überhöhte Prämie zahlen, solange seine Schadensbilanz unglaubwürdig erscheint (also eine überdurchschnittliche Häufung von Schadensfällen gemeldet wird). Die überhöhte Prämie reduziert sich wieder, sobald die Schadensmeldungen sich normalisieren.
Bei entsprechend langer Zeitdauer lassen sich mit Hilfe dieser Vertragsgestaltung die Fehler 1. und 2. Art (gemäß dem Gesetz vom iterierten Logarithmus) mit Wahrscheinlichkeit 1 vermeiden. Eine Art Prämienrückerstattung gewährleistet so eine effiziente Allokation dank langfristiger Verträge - es besteht keine Notwendigkeit, die Angaben zu überprüfen; Verifikationskosten fallen erst gar nicht an.

Es ist intuitiv einleuchtend, daß langfristige Kontrakte ebenso in dem hier formulierten Informationsmodell Vorteile bringen können und unter Umständen sogar eine first-best-Allokation ohne Informationskosten garantieren (Geldhaltung wäre dann überflüssig). So hat Townsend (1983) in einer neueren Arbeit gezeigt, daß längerfristige Kontrakte bereits bei einer Zwei-Perioden-Betrachtung eine Verbesserung gegenüber den nicht durchsetzbaren Ein-Perioden-Kontrakten ermöglichen. Sein Modell, in dem eine Verifikation nicht zulässig ist, soll hier zur Illustration des Grundprinzips kurz skizziert werden.
Ausgangspunkt sei eine Situation analog zu der in Abschnitt 1.3. (Abb. 1.4.) beschriebenen: Ein Haushalt erhält je Periode als Erstausstattung die rein privat beobachtbare Zufallsvariable $e_t = \{e_{t1} \text{ oder } e_{t2}\}$ mit $e_{t1} > e_{t2}$ (wobei beide Zustände gleich wahrscheinlich seien). Der

Versicherungsnehmer maximiert den erwarteten Nutzen über beide Perioden, ohne abzudiskontieren (ζ=1).
Er kann sich bei einer risikoneutralen Versicherung, die einer Nullgewinn-Bedingung unterworfen ist (sie hat ebenfalls keine Zeitpräferenz), versichern lassen. Diese Versicherung legt in Abhängigkeit von seinen Mitteilungen v_t je Periode über die Höhe seiner Erstausstattung Leistungen $g_1(v_1)$ und $g_2(v_1, v_2)$ an den Haushalt fest.

Für die self-selection-Beschränkung muß nun gelten: Weil aufgrund der unterstellten Kontraktdauer der Versicherungsnehmer in der 2. Periode keine Rücksicht mehr auf zukünftige Beschränkungen nehmen muß, muß die Auszahlung $g_2(.)$ unabhängig von v_2 sein: Es gibt nämlich keine Sanktionsmöglichkeit, die ihn zu wahren Angaben über e_2 bewegen kann. Ein Anreiz, in der 1. Periode die Wahrheit zu sagen, besteht wiederum dann, wenn der erwartete Nutzen bei falscher Angabe den bei wahrer Angabe nicht übersteigt.
Das führt zu den Ungleichungen:

$$U(e_{11}+g_1(v_{11}))+EU(e_2+g_2(v_{11})) \geq U(e_{11}+g_1(v_{12}))+EU(e_2+g_2(v_{12}))$$

$$U(e_{12}+g_1(v_{12}))+EU(e_2+g_2(v_{12})) \geq U(e_{12}+g_1(v_{11}))+EU(e_2+g_2(v_{11}))$$

Die Bedingungen für einen optimalen anreizverträglichen Versicherungskontrakt sind recht kompliziert. Townsend (1983) zeigt aber, daß bereits ein einfacher Vertrag von der Art $g_1 = - g_2$ die Autarkiesituation dominiert (erhält der Versicherungsnehmer in der ersten Periode eine postive Zahlung g_1, dann muß er - unabhängig von e_2 - in der nächsten Periode immer einen Betrag in gleicher Höhe zurückzahlen (und umgekehrt).
Townsend beachtet dabei allerdings eine Restriktion nicht, die im Rahmen dieses Modells von besonderer Relevanz ist: die Versicherung verfügt nur dann über Sanktionsmöglichkeiten, wenn die Allokationsregel für bestimmte Mitteilungen festlegt, daß der Haushalt in der Endperiode Zahlungen an sie leistet.
So werden die Kontrakte in der Regel bestimmen, daß der Haushalt bei der Mitteilung v_{12} in der ersten Periode Versicherungsleistungen erhält, dafür aber in der nächsten Periode selber Zahlungen leisten muß: $g_2(v_{12})<0$. Diese Zahlungen dürfen jedoch nicht die minimale Erstausstattung in der Endperiode übersteigen - andernfalls ginge der Versicherungsnehmer mit positiver Wahrscheinlichkeit Bankrott; er könnte

die vorher vereinbarten Zahlungen in gewissen Situationen nicht einhalten. Gibt es etwa eine positive Wahrscheinlichkeit dafür, daß die Erstausstattung der letzten Periode Null beträgt ($e_{22}=0$), erfordert das für zulässige Auszahlungsregeln $g_2(.)\geq 0$.
Da dies für alle Versicherten gilt, ist die Versicherung (als Intermediär ohne eigenes Vermögen) nur glaubwürdig, wenn $g_2(.)=0$. Damit aber bringen langfristige Kontrakte keine Vorteile gegenüber der Autarkiesituation: Die Versicherungsgesellschaft verfügt in der Endperiode über keine Sanktionsmöglichkeiten für falsche Angaben aus der Vorperiode.
Bei endlicher Vertragsdauer T setzt sich das Prinzip fort bis in die erste Periode; allein bei unendlicher Vertragsdauer löst sich das Problem von selbst - eine interessante Parallele zur Fragestellung rationaler Geldhaltung in endlichen Modellen (vgl. Abschnitt 2.1.2.).

Das geschilderte Problem ergibt sich freilich in dieser Schärfe nur, wenn in der Endperiode Verifikationsmöglichkeiten ausgeschlossen sind. Dieser Fall wird deshalb betrachtet, weil es hier darum geht, Bedingungen zu finden, unter denen langfristige Kontrakte eine first-best-Lösung ermöglichen.

Bei Abwesenheit von Zeitpräferenz können Versicherungskontrakte von unendlicher Dauer in Analogie zum Modell von Rubinstein/Yaari durch eine geeignete Sanktionsstrategie eine effiziente Allokation erzwingen (keine Auszahlung, falls die im Durchschnitt gemeldete Erstausstattung um einen Wert ε_t vom Erwartungswert E(e) abweicht), wobei die Fehler 1. und 2. Art mit Wahrscheinlichkeit 1 vermieden werden (Auch hier zeigt sich wieder eine exakte Parallelität zur Effizienz von Geldhaltung beim Fehlen von Zeitpräferenz (vgl. unten Kapitel 2.2.).

Eine Verallgemeinerung der Vorteile langfristiger Kontrakte stößt auf folgende Schwierigkeiten:

- Die Strategie langfristiger Verträge besteht darin, das Wahrnehmen kurzfristiger Vorteile durch nicht kooperatives Handeln dadurch unattraktiv zu machen, daß aus einem solchen Verhalten in der Zukunft Nachteile entstehen. Diese Strategie wird offensichtlich wirkungslos, wenn die Zeitpräferenzrate genügend hoch ist, weil dann

die kurzfristigen Vorteile immer überwiegen werden: es ist dann immer rational, in den ersten Perioden möglichst hohe Transferleistungen zu erzielen.
Bei Abdiskontierung geht auf jeden Fall die Eigenschaft langfristiger Kontrakte, sich asymptotisch an die first-best Situation anzunähern, verloren - analog zur Frage der Effizienz von Geldhaltung bei Zeitpräferenz. Andrerseits dürften langfristige Verträge auch bei nicht allzu ausgeprägter Zeitpräferenz ($\delta > \bar{\delta}$ mit $\bar{\delta} < 1$) eine Verbesserung gegenüber der Autarkie bringen. Die Theorie der repeated games bei Diskontierung ist jedoch noch weitgehend unerforscht.

- Langfristige Kontrakte (insbesondere von unendlicher Länge) stehen in einem gewissen Widerspruch zur Idee vollkommenenen Wettbewerbs. Die Vertragspartner werden durch sie aneinander gebunden; es ergeben sich lock-in- Effekte, die Flexibilität verhindern. Dies birgt die Versuchung in sich, eine Monopolstellung auszunutzen. Während im skizzierten Modell der Vorteil einer Bindung mit zunehmender Dauer immer stärker wird, eine unendliche Kontraktdauer also optimal wäre, könnten sich somit aufgrund der zunehmenden Inflexibilität mit steigender Bindungsdauer ebenso auch negative Effekte einstellen.
  Besteht andrerseits für den Versicherungsnehmer die Möglichkeit, die Versicherung zu wechseln, ohne daß Information über seine Schadensansprüche weitergegeben werden, könnte dies die Anreize zu wahrheitsgemäßen Angaben reduzieren. Auf jeden Fall würde ein Versicherungsnehmer mit einer langen Pechsträhne, die hohe Bestrafungen in der Zukunft bedeutet, durch einen Wechsel profitieren. Eine exakte Analyse müßte untersuchen, inwieweit es im Interesse der Versicherungsgesellschaften liegt, untereinander Informationen auszutauschen; der gesamte Ansatz würde erheblich komplizierter.

Als Kernpunkte lassen sich zusammenfassen:

Langfristige Bindungen stellen ein soziales Instrument dar, welches das Anreizproblem in der Regel mildern kann. In einem umfassenden Ansatz ließe sich somit unter bestimmten Bedingungen vermutlich eine Mischung aus langfristigen Kontrakten und Geldhaltung ableiten, in der beiden sozialen Institutionen gleichzeitig eine Funktion zukommt.

Zwischen beiden Institutionen bestehen bemerkenswerte Parallelen, die eine enge formale Verwandtschaft deutlich werden lassen. Der Vorteil von Geldhaltung gegenüber langfristigen Bindungen besteht dabei in der Flexibilität, die ein anonymes Wertpapier garantiert. Bedeutet Flexibilität Nutzensteigerung, dann ist die optimale Kontraktdauer nicht von unendlicher Länge.

Statt diese Aspekte in einem Gesamtmodell zu behandeln, beschränkt sich die vorliegende Arbeit weitgehend auf den Vergleich von Geldhaltung mit Ein-Perioden-Versicherungskontrakten. Diese Beschränkung erfolgt in dem Bemühen, eine ohnehin komplexe Analyse nicht noch unhandlicher zu machen. Alle abgeleiteten Ergebnisse müssen allerdings immer unter dem Vorbehalt gesehen werden, daß langfristige Kontrakte nicht einbezogen sind.

2.2. Optimale Geldmenge

In vielen makroökonomischen Beiträgen wird Geldpolitik in einem Rahmen diskutiert, der Geldhaltung nicht aus einem individuellem Optimierungskalkül ableitet. Die geldpolitischen Empfehlungen sind daher häufig recht arbiträr, weil die Auswirkungen von Geldpolitik auf individuelles Verhalten nicht theoretisch überzeugend analysiert werden können. So bleibt etwa in monetaristischen Analysen, die anhand von Modellen argumentieren, in denen Geldmengenänderungen die realen Größen unverändert lassen, unklar, weshalb der Inflationsbekämpfung ein so hoher Stellenwert zugesprochen wird.[1)]

Es ist deshalb sicher von Interesse, aktive Geldpolitik innerhalb eines Modells zu untersuchen, in dem das individuelle Geldhaltungskalkül endogen formuliert wird. Daß Geldpolitik dabei nur in einem sehr engen Sinn diskutiert werden kann, weil wesentliche Elemente (wie inside money, Banken etc.) im Grundmodell gar nicht vorkommen, muß dabei nicht unbedingt von Nachteil sein: Dadurch können Kernpunkte um so deutlicher herausgearbeitet werden. So wird sich zeigen, daß der Form, in der Geldmengenänderungen finanziert werden, jeweils entscheidende Bedeutung zukommt.

2.2.1. Kosten einer antizipierten Inflationsrate

Eine stetige Ausdehnung der Geldmenge mit der Rate π führt in dem oben dargestellten Grundmodell zu einem stetigen Anstieg des Preisniveaus p mit der gleichen Rate: $p_{t+1} = (1+\pi)p_t$. Damit sinkt der Realwert der Geldhaltung. Die Wirkung einer Inflation hängt freilich von der Art ab, in der die Geldmengensteigerung erfolgt. Wird das zusätzliche Geld etwa in Form einer Transferzahlung T auf die Haushalte verteilt, muß in dem einfachen Zwei-Perioden-Modell die Budgetbeschränkung (2c') formuliert werden als:

(2c") $c_{t+1} = M_t/p_{t+1}+T+e+a(e)-ß$

Falls die Transferzahlungen T proportional zur bisherigen Geldhaltung M_t erfolgen ($T = \pi M_t$), ergibt sich als triviales und bekanntes Resultat, daß Geldmengenänderungen überhaupt keinen Einfluß ausüben: Geld ist superneutral. Denn für die Realgeldmenge der Periode t+1 gilt nun: $m_{t+1} = (M_t+\pi M_t)/p_{t+1} = m_t$ wegen $p_{t+1} = (1+\pi)p_t$. Das effektive intertemporale Tauschverhältnis und damit das Optimierungskalkül (5) und (6) bleiben folglich unberührt.

Um reale Effekte hervorzurufen, muß die Transferzahlung unabhängig von den Portfolioentscheidungen des Haushaltes sein; sie muß also in Form von negativen Kopfsteuern erfolgen - etwa anhand des Friedmanschen Helikopters, der auf die Haushalte stetig neue Geldscheine regnen läßt. Dann verteuern sich die realen Kosten der Geldhaltung. Nun gilt: Der Realwert der Geldmenge M_t in der nächsten Periode beträgt $m_t/(1+\pi)$.

Dies wird als sogenannter "Schuhsohleneffekt" der Inflation bezeichnet: Falls aufgrund der erhöhten Kosten der Geldhaltung die Haushalte ihre Realkassenhaltung reduzieren (dies ist freilich nicht zwingend, vgl. unten), müssen sie häufiger zur Bank laufen, um Geld abzuheben (oder, in diesem Modell, häufiger Verifikationskosten aufwenden).

In einer Welt mit rationalen Erwartungen, in der die Inflationsrate voll antizipiert wird und Geld daher superneutral ist (die realen Größen unbeeinflußt läßt), bestehen die Kosten einer Inflation allein aus diesem Schuhsohleneffekt, d.h. aus den Kosten einer marginalen Anpassung der Geldhaltung. In traditionellen Analysen wird die Wohlfahrtseinbuße durch eine erhöhte Inflationsrate dargestellt als der resultierende Verlust an Konsumentenrente unter der (fallenden) Geldnachfragefunktion, wie etwa in Abbildung 2.2. die Fläche des Dreiecks ABC.[2)]

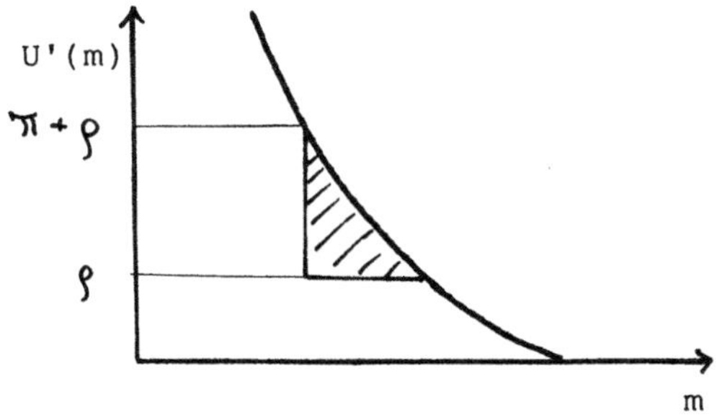

Schuhsohleneffekt
Abbildung 2.2.

Inflation diente in der bisherigen Betrachtung dazu, Transferleistungen (als Geldregen) zu finanzieren. Die Rationalität einer derartigen wohlfahrtsmindernden Politik ist freilich nicht einzusehen. Weit vernünftiger scheint es, Inflation als einen Ersatz für Besteuerung oder eine Ergänzung dazu anzusehen. Sind in einer Ökonomie lump-sum- Transfers nicht möglich, dann verursacht auch Besteuerung verzerrende Effekte, die Wohlfahrtseinbußen ("Harberger-Dreiecke") bedeuten. Die Finanzierung von Staatsausgaben durch eine Geldmengensteigerung muß dann nicht notwendigerweise einen höheren Wohlfahrtsverlust bedeuten als die Steuerfinanzierung.
Dieses Argument von Edmund Phelps (1973) kann in dem hier gewählten Modellansatz besonders gut illustriert werden: Kopfsteuern können hier deshalb nicht erhoben werden, weil manche Haushalte in bestimmten Perioden gar keine Mittel zur Verfügung haben. Wenn aber auch die Steuerbehörde Informationen über die Höhe der individuellen Erstausstattung sammeln muß, kann eine Mischung aus Inflations- und Steuerfinanzierung zu höherer Wohlfahrt führen als die mit Informationskosten verbundene reine Steuerlösung.
Der Fall ist wohl ebenso für Entwicklungsländer (mit unzureichenden Kontroll- und Durchsetzungsmöglichkeiten bei der Steuererhebung) von Bedeutung wie für Ökonomien mit ausgeprägter Schattenwirtschaft: Inflation dient der Besteuerung von nicht direkt kontrollierbaren ökonomischen Aktivitäten.

2.2.2. Deflationspolitik oder Zinszahlung auf Geldhaltung

Auch bei einer Inflationsrate von Null besteht immer noch eine Divergenz zwischen dem Realertrag der Geldhaltung (er ist gleich Null) und den Opportunitätskosten von Geld für die Haushalte, sofern sie die Zukunft abdiskontieren (nämlich in Höhe der wegen Geldhaltung entgangenen Zeitpräferenzvorteile). Da bei Abwesenheit der Besteuerungsproblematik die sozialen Grenzkosten des Gelddruckens (nahezu) gleich Null sind, wird deshalb häufig die These vertreten, die Haushalte sollten solange mit Geld versorgt werden, bis sie gesättigt sind, bis also soziale und private Grenzkosten gleich (gleich Null) sind.

Entsprechend der Abbildung 2.2. führt $\pi = 0$ immer noch zu Wohlfahrtseinbußen. Das Schuhsohlendreieck verschwindet erst dann völlig, wenn die Haushalte mit Geld gesättigt sind, d.h. wenn Geld einen Realertrag in Höhe der Diskontrate ($r=\rho$) abwirft (in einer mit der Rate n wachsenden Wirtschaft lautet die entsprechende Bedingung gemäß der modifizierten goldenen Regel: $r=n+\rho$). Die dann gewünschte Geldmenge wird etwa von Friedman als optimal bezeichnet, weil dann der Haushalt nicht unnötigerweise Geldhaltung minimieren muß.[3]

Zur Verwirklichung dieser Regel schlägt Friedman (1969) folgende "Geldverbrennnungsofen-Politk" vor:

"When prices are stable, one component of the cost is zero - namely, the annual cost - but the other component is not - namely, the cost of abstinence.This suggests that, perhaps, just as inflation produces a welfare loss, deflation may produce a welfare gain.
Suppose therefore that we substitute a furnace for the helicopter. Let us introduce a government which imposes a tax on all individuals and burns up the proceeds, engaging in no other function. Let the tax be altered continuously to yield an amount that will produce a steady decline in the quantity of money at, say, 10 per cent a year. It does not matter for our purposes what the tax is, as long as an individual cannot affect his tax by altering his cash balances."

Um einen positiven Realertrag auf Geldhaltung zu ermöglichen, können die eingesammelten Steuern entweder in Friedmanschen Geldöfen verbrannt werden (dies führt über eine Verminderung der Geldmenge zu Deflation: Das Preisniveau sinkt mit der Rate r und damit steigt der Realwert von Geldhaltung auf $m_t(1+r)$) oder die Steuern werden zur Finanzierung von Zinszahlungen auf Geldhaltung verwendet (Preisniveau und Geldmenge bleiben konstant, aber Geld hat wiederum den Realertrag $m_t(1+r)$). Beide Vorgehensweisen sind äquivalent; die Informationsanforderungen der ersten Methode sind allerdings geringer.

Das Optimierungsproblem eines Haushaltes verändert sich in einer Zwei-Perioden-Betrachtung nun wie folgt. Die Budgetrestriktion (2c) lautet jetzt:

(2c") $c_{t+1} = m_t(1+r)+T+e+q(e)-ß$

(wobei $T<0$ nun Steuerzahlungen bedeuten).

Daraus ergibt sich als neue Optimalbedingung:

(6') $\left[U'(c_t(m)) - \delta(1+r)V'(m(1+r))\right]m = 0$

Weil eine Zinssteigerung zu einer Verschiebung der Budgetgeraden nach außen führt, ist nicht eindeutig, ob der Haushalt bei einer Zunahme von r mehr oder weniger Geld halten wird. Wegen der angenommenen Additivität der Nutzenfunktion über die Zeit gilt aber, daß Konsum in beiden Perioden nicht inferior ist. Damit wird wegen $m \geq 0$ auf jeden Fall $m(1+r)$ steigen: Weil der Substitutionseffekt negativ ist, wird in Periode 2 mehr konsumiert (sofern $m > 0$). In einem deterministischen Zwei-Perioden-Diagramm läßt sich das so zeigen: (Abb. 2.3.)

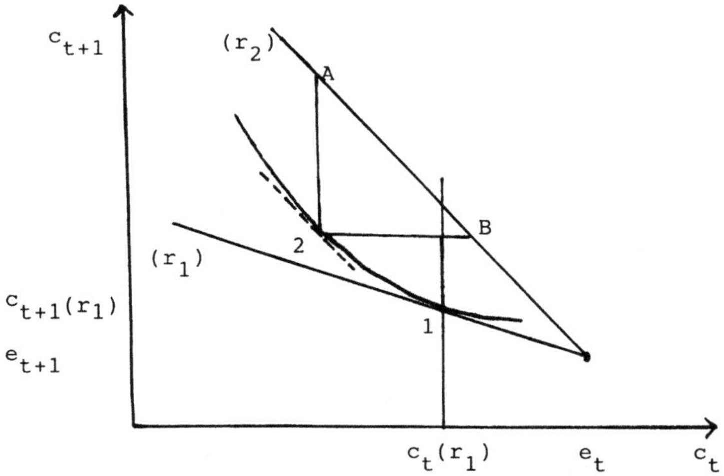

Zunehmender Realertrag von Geldhaltung
Abbildung 2.3.

Zum Zins r_1 ist 1 der optimale Konsumplan. Die Wirkung einer Zinssteigerung auf r_2 läßt sich zerlegen in den Substitutionseffekt nach 2 und einen Einkommenseffekt. Da der Konsum in beiden Perioden ein superiores Gut ist, liegen alle möglichen optimalen Konsumpläne im Bereich AB der neuen Budgetgeraden. c_{t+1} wird also nicht abnehmen und steigt, sofern $m \geq 0$ nicht bindend ist.

Entsprechend den angeführten Überlegungen sinkt damit bei abnehmender absoluter Risikoaversion mit steigendem Zinssatz r die Verifikationsgrenze $\underline{e}$. Die Friedmansche Hypothese scheint sich somit im Rahmen dieses Modells zu bestätigen: Falls der Ertrag auf Geldhaltung sich der Zeitpräferenzrate annähert ($r=\rho$), dürfte zumindest langfristig Selbstversicherung in Form von Geldhaltung die kostspielige (und ressourcenverschwendende) Versicherung ablösen - der Haushalt ist dann indifferent zwischen Konsum und Geldhaltung.

Doch ist dieser Schluß voreilig. Er wäre nur dann korrekt, wenn die Steuerbelastung der Haushalte tatsächlich deren Geldhaltungskalkül nicht beeinflußen würde. Aber gerade wegen der Restriktionen, die Geldhaltung überhaupt erst notwendig machen, kann der Staat Steuern von solcher Art hier gar nicht erheben.
Welche Art von Steuern sind zulässig? Eine staatliche Umverteilungspolitik, die in der Lage wäre, Haushalte mit hoher Realisation zu besteuern und dafür Transfers an Haushalte mit niedriger Realisation zu zahlen, würde eine Lösung mit perfektem Versicherungsschutz ermöglichen. Zur Durchsetzung einer solchen Politik müßte die staatliche Organisation jedoch eine genaue Kenntnis über die realisierte Erstausstattung aller Haushalte besitzen. Es ist jedoch eine natürliche Forderung, daß der Staat den gleichen Informationsrestriktionen unterliegt wie der private Sektor, also ebenfalls jeweils die Verifikationskosten k aufbringen muß. Ohne Informationskosten sind damit auf jeden Fall nur Kopfsteuern zulässig.

Dann aber ergibt sich folgendes Problem, das zuerst von Martin Hellwig (1982) und Truman Bewley (1983)erkannt wurde: Die Steuerhöhe T ist unabhängig von der individuellen Erstausstattung (jeder Haushalt muß pro Periode eine fixe Menge Steuern abführen). Wenn nun aber das Vermögen in einer Periode niedriger ausfällt als die Steuerzahlung, würde der Haushalt Bankrott gehen. Da er in der Lage sein muß, die Steuerzahlungen auch bei einer sehr langen Folge von niedrigen Realisationen finanzieren zu können, entwickelt der Haushalt somit eine autonome Geldnachfrage und/oder zusätzliche Versicherungsnachfrage (mit steigender Verifikationsgrenze). Wenn jedoch Geldhaltung langfristig die Versicherung völlig überflüssig machen und eine effiziente Allokation (first-best-Lösung) ohne Verschwendung von Verifikationskosten ermöglichen soll, dann muß der Realertrag von Geld das Halten von Geld so attraktiv machen, daß auch die Vorratshaltung für Steuerzahlungen vollständig aus autonomer Geldnachfrage besteht.

Falls der Realertrag auf Geld sich nun der Zeitpräferenzrate annähert, gehen die Grenzkosten von Geldhaltung in Form eines Verlustes an Zeitpräferenz gegen Null; die kostspielige Versicherungsmöglichkeit wird dadurch unattraktiv. Um zu vermeiden, bei einer lange anhaltenden Unglücksphase mit sehr niedrigen Realisationen wegen der Steuerverpflichtungen Bankrott gehen zu müssen, wird der Haushalt nun eine eigenständige Geldnachfrage $\underline{m}$ entwickeln. $\underline{m}$ ist die minimale Geldmenge, die der Haushalt halten muß, ohne Gefahr zu laufen, jemals Bankrott zu gehen.

Da der Haushalt sich nicht auf die riskante Erstausstattung verlassen kann, wird für $U'(0)=oo$ diese autonome Geldnachfrage $\underline{m}$ nach Hellwig (1982) gerade so hoch sein, daß aus deren Realertrag die Steuerzahlungen finanziert werden können. Die minimale Geldnachfrage beträgt also $\underline{m} = T/r$ und erzielt je Periode den Realertrag T. Über diesen Grundbetrag hinaus wird der Haushalt natürlich zusätzlich Geld nachfragen, um den Konsumstrom zu glätten (Schwankungen der Erstausstattung auszugleichen).
Der gesamte Realertrag aus Geldhaltung übersteigt damit notwendigerweise immer die Steuerzahlung T. Weil dies für alle Haushalte gilt, müßte der gesamte Realertrag von Geld höher sein als die Steuern, die der Staat erhebt, um diesen Realertrag zu ermöglichen. Ein monetäres Gleichgewicht kann nicht existieren - es sei denn, der Staat finanziert den zusätzlichen Realertrag durch Bereitstellung zusätzlicher Güter: "The government must play Santa Claus and increase the total amount (of resources, G.I.) available to the economy in each period." (Hellwig, 1982)
Bewley (1983) beschreibt das Problem folgendermaßen:

"If the interest rate is close to the rate of time preference, consumers find it advantageous to accumulate very large money balances for the purpose of self-insurance. This desire for money balances forces the prices of goods to be very low. Low prices in turn mean that consumers' non-interest income is low. But the consumers face a fixed expenditure each period which does not depend on the price level. This expenditure is a lump-sum tax paid to the government to finance the interest payments on money. If consumers' non-interest income is low, they must hold large money balances simply in order to earn enough money to pay the tax. This need for money balances in effect reduces the balances available for self-insurance. If the interest rate is too high, the demand for real balances for self-insurance exceeds the quantity available no matter how low prices may be, and so equilibrium is impossible."

Damit zeigt sich, daß die vorgeschlagene Politik zur Verwirklichung einer optimalen Geldhaltung nicht durchführbar ist. Aus eben den Gründen, die Geldhaltung erst notwendig machen, kann die first-best Lösung nicht realisiert werden. Dies ist eine ausdrückliche Bestätigung der Kritik von Hahn (1971) an Friedman:

"The necessary condition for Pareto-efficiency in a world of uncertainty with intertemporal choice will in general be fulfilled by a market economy only if money plays no role. There are therefore no grounds for supposing that the Friedman rule is either necessary or sufficient for Pareto-efficiency since it is of the essence of an explanation for the existence of money that other conventional necessary conditions are violated. Even where money is only held for "transaction purposes", Pareto-efficiency relative to a transaction technology is quite a different animal from the usual textbook one."

Die Methode, geldpolitische Vorschläge anhand eines Modells zu diskutieren, in dem Friktionen, die Geld erst einen positiven Wert garantieren, gar nicht vorkommen, erweist sich also in der Tat als fragwürdig.

Die Unmöglichkeit einer Politik der optimalen Geldmenge kann natürlich auch nicht durch eine Steuerpolitik umgangen werden, die auf Steuerzahlungen verzichtet, wenn die Erstausstattung eines Haushaltes ein gewisses Minimalniveau unterschreitet. Denn um anreizverträglich zu sein, muß eine solche Steuerpolitik wieder Informationskosten zur Verifizierung der Angaben aufwenden. Es ist gerade ein Vorzug der gewählten Modellstruktur, daß wegen der expliziten Formulierung aller Restriktionen auch die Möglichkeiten staatlichen Handelns wohldefiniert sind - im Gegensatz etwa zum Modell von Hellwig.

Hellwig (1982) untersucht in seiner Arbeit eine Art von Steuerpolitik, die geeignet scheint, die beschriebenen Schwierigkeiten zu überwinden. Die Steuern werden als Zufallsvariable jeweils in gleicher Höhe festgelegt wie der entsprechende Realertrag mr, den der Haushalt auf seine Geldhaltung erzielt. Diese Regelung hat den unbestreitbaren Vorteil, daß das staatliche Budget garantiert ausgeglichen ist. Zudem wird damit der reine Substitutionseffekt isoliert, weil der Einkommenseffekt des Realertrages nun genau durch die Steuer kompensiert wird:

$$U'(m) = (1+r)\,\delta\,V'(m(1+r)-mr) = (1+r)\,\delta\,V'(m).$$

Der Ertrag aus Geldhaltung wirkt nun gerade als Reduktion der effektiven Zeitpräferenz: $\hat{\rho} = (\rho - r)/(1+r)$. Entspricht der Realertrag r der Zeitpräferenzrate, dann wird die effektive Zeitpräferenz gleich Null, und analog zu den Erläuterungen in Abschnitt 2.1.1. würde Geld bei Durchführbarkeit einer derartigen Steuerpolitik auf lange Sicht eine first-best-Lösung ermöglichen.

Doch bleibt offen, wieso rational handelnde Individuen mit rationalen Erwartungen nicht erkennen sollten, daß ihre gerade empfangenen Zinszahlungen jeweils in gleicher Höhe wieder weggesteuert werden, daß die Effektivverzinsung folglich wiederum Null ist. Zur Frage, wie eine solche Steuerpolitik in Form von Kopfsteuern praktiziert werden könnte, schreibt Hellwig (1982):

"To implement the tax schemes ... as lump-sum taxes, the tax authority must directly know the agents preference, endowment distribution, and endowment realizations."

Somit erweist sich in dem hier formulierten Modell die Undurchführbarkeit einer solchen Geldmengenpolitik: Unter den hier explizit beschriebenen informationsmäßigen Voraussetzungen bestätigt sich demnach Hellwigs Vermutung (1982, S. 41):

"The optimum quantity of money proposition requires the tax authority to have the very information whose absence would lead to the break down of direct insurance in the first place."

Die hier diskutierte Frage der optimalen Geldmenge wird genau deshalb zum Problem, weil die Haushalte ihren Zukunftskonsum abdikontieren (δ <1). Wie in Kapitel 2.1. gezeigt, könnte dagegen für δ =1 langfristig das first-best-Optimum durch die einmalige Einführung einer konstanten Geldmenge verwirklicht werden. Dies gilt analog auch in einer wachsenden Wirtschaft. Geld wirft dann einen Realertrag in Höhe der Wachstumsrate ab (vgl. Kapitel 2.3.).

Welche Bedeutung hat nun aber die Hypothese einer positiven Zeitpräferenzrate?
Unter Ökonomen besteht eine lange, anhaltende[4)] Kontroverse darüber, ob eine positive Zeitpräferenz in stationären Modellen überhaupt mit rationalem Verhalten vereinbar sein kann. Warum sollten rationale Individuen den Zukunftskonsum abdiskontieren, wohl wissend, daß sie unendlich lange in einer stationären Wirtschaft leben dürfen?

Einen wichtigen Beitrag zur Klärung dieser Frage leistete Tjalling Koopmans (1960). Er formulierte in einem Modell mit unendlichem Zeithorizont primitivere Axiome, die eine Nutzenfunktion mit positiver Zeitpräferenz (d.h.: die Grenzrate der Substitution zwischen dem Konsum von gleich großen Mengen von Gütern heute und morgen ist größer als Eins) implizieren und kommt zu dem Schluß:
"... impatience was introduced by Böhm-Bawerk as a psychological characteristic of human preference in decisions concerning (presumably) a finite horizon. It now appears that impatience ... is also a necessary logical consequence of more elementary properties of a utility function of programs with an infinite time horizon..." (Koopmans, 1960).

Abdiskontierung bedeutet eben nichts anderes als die Einschränkung der Menge aller zulässiger Präferenzrelationen durch (mehr oder weniger plausible) zusätzliche Annahmen - ebenso etwa wie durch die Forderung der Risikoaversion. Inwieweit diese Annahmen relevant sind, ist also eine rein empirische Frage.

2.3. Erweiterungen des Grundmodells

Im bisher skizzierten Modell liegt die zentrale Funktion von Geld darin, als intertemporal handelbares Wertaufbewahrungsmittel die finanziellen Transaktionskosten zu reduzieren, die den Haushalten durch das Informationsproblem und der sich daraus ergebenden Sequenz von Budgetrestriktionen aufgebürdet wird. Diese wird nicht einfach ohne weitere Begründung in die Analyse eingeführt, sondern explizit aus recht plausiblen Informationsasymmetrien abgeleitet.
Der Vorteil gegenüber einem Vorgehen, das die Sequenz von Budgetbeschränkungen als "primitive assumption" (nicht hinterfragte Annahme) einführt,[1] ist eindeutig: Der Ansatz gibt Antwort auf die Frage, warum nicht einfach Kontrakte (egal ob mündlicher oder schriftlicher Natur) abgeschlossen werden - eine Frage, die jede einigermaßen überzeugende Geldtheorie zunächst beantworten sollte.[2]

Dennoch scheint das Modell auf den ersten Blick recht unbefriedigend. Vieles von dem, was in der Geldtheorie als zentral angesehen wird, fehlt, insbesondere die Funktion des Geldes als Tauschmittel: Es gibt nur ein Gut (wenn auch unendlich viele Güter im Sinne von Arrow-Debreu); dies ist zudem nicht lagerfähig. Zinstragende Wertpapiere würden Geld immer dominieren.

Der gewählte Ansatz weist jedoch durchaus die Richtung auf, die zur Beantwortung der gestellten Fragen führt. Er soll gerade das Grundprinzip illustrieren, nach dem Geld ohne die Notwendigkeit, sich über die Bonität des Kaufpartners zu informieren, dank der geringsten Informationskosten auf (fast) allen Märkten als anonymes Zahlungsmittel allgemein akzeptiert wird und deshalb einen Liquiditätsvorteil gegenüber zinstragenden Wertpapieren besitzt.
In diesem Abschnitt soll nun diskutiert werden, inwieweit der Ansatz tragfähig für Verallgemeinerungen ist. Zunächst werden einige traditionelle Modifikationen vorgenommen, die im Rahmen der Logik des einfachen Modells zulässig sind. Betrachtet wird eine wachsende Wirtschaft, innerhalb derer das Konsumgut auch lagerfähig ist. Anschließend wird recht informell erörtert, inwiefern die Grundidee zentral ist auch für allgemeinere Fragestellungen.

2.3.1. Wachsende Wirtschaft

Eine auch nur ansatzweise Diskussion von Kapitalgütern macht die Betrachtung einer wachsenden Wirtschaft erforderlich. Ohne die Natur des Ansatzes (Haushalte mit unendlicher Lebensdauer partizipieren seit Beginn der Welt an der Ökonomie) zu ändern, kann dies am einfachsten durch die Einführung eines Wachstumstrends der Zufallsvariablen "Erstausstattung" erfolgen.
Die durchschnittliche erwartete Erstausstattung wächst dann je Periode mit der Rate n, so daß gilt: $E(e_{t+1}) = (1+n)\ E(e_t)$. Da annahmegemäß die durchschnittlich verfügbare Gütermenge gleich dem Erwartungswert ist, wächst die gesamte Gütermenge ebenfalls mit der Rate n. Welche Auswirkung hat dies auf die Allokation? Das reale Austauschverhältnis ist nunmehr 1+n (statt 1). In einer Arrow-Debreu Welt würde jeder Haushalt eine Durchschnittsausstattung erhalten, die mit n wächst.

Für die monetäre Ökonomie gilt nun: Je Periode wächst die angebotene Gütermenge, die die Haushalte in Geld umtauschen wollen. Bei konstanter Geldmenge bedeutet das: Der Preis von Geld steigt, der Güterpreis sinkt. Im steady state gibt es eine Deflation entsprechend der Wachstumsrate. Geldhaltung erbringt einen Realertrag in Höhe des realen Austauschverhältnisses der Wirtschaft.[3)]
Es gibt in diesem Fall - wie ganz allgemein in mikroökonomischen Modellen - keine Rechtfertigung für ein konstantes Preisniveau.[4)] Eine Politik, die die Einspeisung von zusätzlicher Geldmenge entsprechend der Wachstumsrate n zum Ziel hat, wäre nur dann sinnvoll, wenn sie in Form von (rein monetären) Zinszahlungen auf Geldhaltung erfolgt. Andernfalls (etwa bei einer fixen Pro-Kopf-Zahlung oder der Geldfinanzierung von Staatsausgaben) ergeben sich wohlfahrtsmindernde Auswirkungen: Der Realertrag der Geldhaltung entspricht nicht mehr dem realen Austauschverhältnis der Wirtschaft.

2.3.2. Lagerhaltung

Eine Geldtheorie wäre höchst unbefriedigend, ja geradezu absurd, wenn in ihr Geld nur deshalb eine Berechtigung hat, weil ganz einfach alle anderen Anlagemöglichkeiten per Annahme ausgeschlossen werden. In dem Grundmodell werden Kapitalgüter nicht betrachtet, und das einzige Konsumgut muß, sofern Lagerhaltung als denkbare Alternative überhaupt zugelassen wird, eine negative Ertragsrate aufweisen, um Geld nicht zu verdrängen.

Wäre Lagerhaltung dagegen produktiv (Wird ein Teil der Erstausstattung (x_t) gelagert, dann steht in der nächsten Periode der Betrag $(1+\alpha)x_t$ zur Verfügung mit $\alpha > 0$), dann würde kein monetäres Gleichgewicht existieren: Das Gut dominiert Geld als Wertaufbewahrungsmittel, die Haushalte werden selber Risikovorsorge durch Lagerhaltung betreiben. Im Grenzfall ($\alpha = 0$) ist die Nachfrage nach Geld indeterminiert: Die Haushalte sind indifferent zwischen Geld und Konsumgut als Wertaufbewahrungsmittel.

Beschreibt das Modell also nur eine Welt mit Eiskrem oder verderblichen Fischen vor der Erfindung von Kühlschränken?

Die Situation ist bereits etwas anders im Fall einer wachsenden Wirtschaft, wie sie im vorhergehenden Abschnitt skizziert wurde. Sofern die Ertragsrate der Lagerhaltung geringer ist als die Wachstumsrate der Wirtschaft (damit geringer als der Realertrag von Geld), ist es ganz einfach ineffizient, das Gut zu lagern.

Die Einführung von Geld bringt unter diesen Umständen einen eindeutigen Vorteil: Güter müssen nicht mehr gelagert werden mit einer Rate, die der natürlichen Wachstumsrate unterlegen ist. Auch eine Ausdehnung der Geldmenge ändert daran solange nichts, als nicht der Realertrag von Geld unter den Ertrag von Lagerhaltung sinkt: $1+\alpha < (1+n)/(1+\pi) = p_t/p_{t+1}$. Eine Inflationssteuer verdrängt also nur dann Geld als Wertaufbewahrungsmittel, wenn das Finanzierungsinstrument zu intensiv genutzt wird.

Die Betrachtung alternativer Vermögensanlagen konnte bisher nicht verhindern, daß im Gleichgewicht nur eine Anlage (entweder Geld oder Lagerhaltung) gehalten wird (ausgenommen der Spezialfall gleicher Erträge für beide Anlagemöglichkeiten, für den die Geldnachfrage indeterminiert ist). Eine Diversifizierung des Portfolios ergibt sich dagegen durch die Einführung einer stochastischen Lagertechnologie.

Ein entsprechendes Modell hat Neil Wallace (1981) entwickelt. In seinem Modell ist der Ertrag $1+\alpha_s$ eine unabhängige Zufallsvariable, die zu sozialer Unsicherheit führt. Je nach Zustand s der Natur (der mit der Wahrscheinlichkeit p_s eintritt und in der nächsten Periode allgemein bekannt ist) erhält man je gelagerter Einheit des Gutes in der folgenden Periode den Ertrag $1+\alpha_s$. Es herrschen also konstante Skalenerträge (stochastische Homothetizität). Lagerhaltung wird von kompetitiven Unternehmen betrieben, die k Einheiten lagern.
Die Haushalte haben die Wahl zwischen Ansprüchen auf den Ertrag von Lagerhaltung und den von Geldhaltung. Wallace zeigt nun, daß für gewisse Parameter der Nutzenfunktion und der stochastischen Lagertechnologie ein monetäres Gleichgewicht existiert, in dem beide Anlagearten in einem festen Verhältnis gehalten werden. Falls jedoch die Wahrscheinlichkeitsverteilung der Lagerhaltung zu günstig wird, existiert wieder kein monetäres Gleichgewicht.

2.3.3. Liquidität

Die bisherigen Erweiterungen sind deshalb unbefriedigend, weil sie folgende Fragen offen lassen:

Warum dienen nicht einfach statt Geld Ansprüche auf Land oder auf dauerhafte Güter als Wertaufbewahrungsmittel? Warum treten solche Ansprüche auf physische Einheiten von Land nur selten als Zahlungsmittel in Erscheinung?
Wieso wird Geld trotz negativer Ertragsrate gegenüber anderen Wertpapieren gehalten? Zinsbringende Einlagen bei Banken etwa (als inside money) bleiben ebenso außer Betracht wie Ansprüche auf Produktivkapital. Gemäß der modifizierten goldenen Regel der Wachstumstheorie ergibt sich für Realkapital im Steady-State-Gleichgewicht ein Ertrag, der der Summe aus Zeitpräferenz und natürlicher Wachstumsrate entspricht: $r = \rho + n$.
Eine fest vorgegebene Wachstumsrate von Kapital (als Lagerproduktivität) zu postulieren, ist eindeutig einem Ansatz unterlegen, der die Ertragsrate endogen aus Entscheidungen von Unternehmen ableitet. Dann aber würden, selbst wenn Geldhaltung tatsächlich mit einer Deflationsrate n verbunden ist, Ansprüche auf Kapitalanteile immer noch dominie-

ren - es sei denn, sie wären Unsicherheit unterworfen.

Eine überzeugende Geldtheorie sollte ohne Zweifel - insbesondere angesichts des Phänomens Inflation - erklären können, warum auch bei Existenz von Vermögenspapieren, die die diskutierten Bedingungen verletzen, Geld gehalten wird.[5)]

Im folgenden soll - weitgehend durch intuitive Argumente - gezeigt werden, daß das zentrale Ergebnis des Grundmodells durchaus im Hinblick auf diese Fragestellung verallgemeinert werden kann: Geld besitzt einen Liquiditätsvorsprung gegenüber anderen Wertpapieren, wenn über deren Qualität unvollständige Information herrscht.
In dem Modell von Kapitel 2.1. besteht der Liquiditätsvorteil gegenüber dem Abschließen von Versicherungskontrakten darin, daß für kleine Risiken die Verifikationskosten einer Versicherung eingespart werden. Ein Hauptvorzug des dort skizzierten Ansatzes liegt zudem gerade darin, daß es nicht zu einer Entweder-oder-Entscheidung kommt: Für große Risiken ist es rentabel, Informationskosten aufzubringen.
Ganz in Analogie dazu kann man das Modell in folgender Richtung erweitern: Die Qualität von Schuldverschreibungen ist nicht allgemein bekannt. Bevor ein "Zahlungsversprechen" (sei es schriftlich oder mündlich) akzeptiert wird, muß erst die Bonität des Schuldners geprüft werden. Auf einer Vielzahl von Märkten sind dann Schuldverschreibungen als persönliche Güter wegen dieser Informationskosten einem Wertaufbewahrungsmittel unterlegen, das aufgund seiner Anonymität gerade deshalb als Zahlungsmittel (zum Ausgleich von Budgetrestriktionen, die aufgrund eines Mangels an Vetrauen entstehen) angenommen wird, weil es auch von allen anderen akzeptiert wird.

Ähnliche Überlegungen vertritt auch Douglas Gale (1982, S. 187 f.):

"Because money is a claim on the economy as a whole rather than on a single individual, there is no need to acquire information about the individual who offers it in exchange.

This distinction, which is both clear and quite precise in the case of money and personal bonds, applies broadly to money and other assets in one way or another. In order to form an estimate of the value of any asset one needs more information than one does to form an estimate on the value of money... Imagine a consumer paying for goods in a shop. A personal I.O.U. is not accepted because the shopkeeper lacks information about the consumer's creditworthiness. A cheque is accepted but only with a banker's card. Here the bank bears the cost of ensuring the consumer's creditworthiness because it makes a profit on the current account. A credit card may not be accepted because the shopkeeper does not wish to pay the commission which the credit card company demands as payment for ensuring the credit worthiness of the consumer. Share certificates, mortgages, etc., are unaccaptable because, like peronal I.O.U.s, they impose a tremendous information cost on the recipient. Thus one can imagine a continuum of assets, with money at the left, increasing in information costs as one moves to the right."

Liquidität ist in dieser Sichtweise ein Maß für Vertrauen, das dem Marktpartner entgegengebracht wird: Das "Anschreibenlassen" in Tante Emmas Laden ist wegen Informationsproblemen über die Bonität eines persönlichen Zahlungsversprechens einer Geldwirtschaft - mit einer staatlichen Autorität im Hintergrund - unterlegen.
Dieses Beispiel illustriert auch die Vorzüge und Schwierigkeiten langfristiger Kontrakte: Die Drohung, bei Nichteinlösen in Zukunft keinen weiteren Kredit zu gewähren, wirkt als Anreizmechanismus, den Kontrakt einzuhalten. Dieser Anreiz wird aber um so schwächer, je größer die Mobilität ist, d.h. je mehr Alternativen offenstehen (Möglichkeiten, bei anderen Geschäften zu kaufen): Es gibt einen trade off zwischen Flexibilität und den Vorteilen eines repeated games.

Die Anonymität als charakteristisches, ja geradezu konstituierendes Element des Wertpapieres Geld läßt sich als eine Art öffentliches Gut interpretieren. Wird das Zahlungsmittel von jemandem akzeptiert, so erhöht sich der Vorteil für alle anderen, die ebenfalls dieses Papier als Zahlungsmittel annehmen. Es ergibt sich eine Art steigender Skalenerträgen: Konkurrieren zwei verschiedene Sorten von Papier um die Funktion als anonymes Zahlungsmittel, wird entweder eines das andere verdrängen oder beide werden völlig substituierbar, nicht unterscheidbar.
In einem Nash-Gleichgewicht akzeptiert jeder das gleiche Zahlungsmittel - ein universell akzeptiertes Papier bringt für alle Vorteile an Informationsersparnis. Geld ist in dieser Sicht als ein natürliches Monopol zu verstehen; Konkurrenz zwischen verschiedenen Geldarten a la Hajek ergibt dann keinen Sinn, weil es dem Gedanken der Anonymität völlig zuwiderläuft. Man kann diesen Aspekt des Geldes mit den Eigenschaften der Sprache vergleichen: Auch der Nutzen aus der Fähigkeit, eine bestimmte Sprache zu sprechen, erhöht sich mit der Zahl derer, die die gleiche Fähigkeit aufweisen. James Tobin bemerkt dazu (1980, S.86 f.):

"Another time-honoured observation of monetary economists is the analogy of money and language. Both are means of communication. The use of a particular language or a particular money by one individual increases its value to other actual or potential users. Increasing returns to scale, in this sense, limits the number of languages or moneys in a society and indeed explains the tendency for one basic language or money to monopolize the field."

Geld vermindert die finanziellen Transaktionskosten, die durch die Forderung nach jeweils ausgeglichenen Budgets auf all den verschiedenen Märkten, auf denen Haushalte aktiv werden, auferlegt werden. Die Einführung von Geld ist ein soziales Instrument, welches reale Friktionen, die zu realen Kosten führen, überwindet. Die Lockerung solcher Solvenzanforderungen kann zudem eine Spezialisierung von ökonomischen Aktivitäten fördern und damit in vielen Fällen die Wahrnehmung von Skalenvorteilen bei der Produktion erst ermöglichen. Auf diese Weise leistet Geld als Informationsträger einen originären produktiven Beitrag. Zur Bedeutung von Geld bei der Wahrnehmung solcher Skalenerträge vergleiche Hahn (1973b).

Aus der Interpretation von Geld als Wertpapier mit minimalen Informationskosten ergibt sich als natürliche Konsequenz eine Art "Clower-Constraint": "Money buys goods and goods buy money, but goods do not buy goods" (Clower, 1967, S.6).

Während Clower die Beschränkung in seinem Modell als eine Restriktion auferlegt, die willkürlich die Zahl zulässiger Transaktionen einschränkt und damit den erreichbaren Nutzen im Vergleich zu seiner Referenzsituation (der Arrow-Debreu-Welt) drastisch vermindert, ergibt sich der Clower-Constraint hier als eine wohlfahrtssteigernde Reduktion finanzieller Restriktionen.

In einer Folge von Märkten, auf denen die Haushalte aktiv werden und die jeweils ein ausgeglichenes Budget verlangen, übernimmt Geld als Wertpapier mit den geringsten Informationskosten den sequentiellen Budgetausgleich. Die Funktion von Geld als Tauschmittel wird so abgeleitet aus den informationsmäßigen Anforderungen; sie läßt sich nicht als eigenständige, unabhängige Eigenschaft von Geld ansehen. Gale (1982, S. 23) formuliert die gleiche Überlegung so:

"As far as general equilibrium theory is concerned , and probably other theories as well - there is no useful distinction to be drawn between money's function as a store of value and a medium of exchange. Money is an asset, nothing more... There is no role for money as a medium of exchange as distinct from the role as an asset."

Geld besitzt dabei freilich eine Qualität, die den anderen Wertpa-

pieren nicht zukommt: die Anonymität, die eine Bonitätsprüfung (jedenfalls sofern es fälschungssicher ist) überflüssig macht. Diese Qualität verleiht dem Medium Geld einen Qualitätsvorsprung, der Geldhaltung trotz Zinsverlusten rational macht.
In Analogie zum Modell von Abschnitt 3.1. erlaubt dieser Ansatz wieder das gleichzeitige Nebeneinander verschiedener Wertpapiere von unterschiedlicher Liquidität: Auf gewissen Märkten sind die Kosten der Geldhaltung (als entgangene Zinserträge) so groß, daß es vorteilhafter ist, die Informationskosten für andere, nicht anonyme Wertpapiere aufzubringen. Zudem steigen mit zunehmender Inflationsrate die Alternativkosten der Geldhaltung, so daß immer mehr auf Substitute übergegangen wird - bis schließlich in einer Hyperinflation der Vorteil von Geld völlig verlorengeht, weil niemand mehr bereit ist, es anzunehmen.

Für Substitute wie Kreditkarten, Euroschecks, Reiseschecks etc. übernehmen private Unternehmen die Informationskosten (Garantie der Kreditwürdigkeit). Die Reputation dieser Unternehmen selbst spielt eine wesentliche Rolle bei der Frage, in welchem Ausmaß deren Kreditkarten als Zahlungsmittel akzeptiert werden. Hier zeigen sich wieder Größenvorteile, die zu einer (empirisch gestützten) Konzentrationstendenz führen. In einer Welt mit abnehmenden Informationskosten wird die Substituierbarkeit von staatlichem Geld (outside money) und privaten Zahlungsmitteln immer stärker zunehmen (vgl. Teil 3).
Eine explizite Formalisierung dieser informellen Argumentation wäre unbedingt erforderlich. Solange diese Formalisierung nicht geleistet ist, trifft auch auf diese Überlegungen der erste Teil folgender Bemerkung von Frank Hahn (1982, S. 23) zu:

"These are standard arguments, which, alas, does not mean that we have available a formal description of the economy that gives rise to such costs. So far we have got not further than postulating the existence of a 'transactions technology' without linking this in any fundamental way to information requirements."

Immerhin jedoch deuten die bisherigen Überlegungen eine Richtung an, gemäß der die Transaktionskosten von Wertpapieren mit Informationsproblemen verbunden werden können. Dieser Ansatz erscheint mir ein erfolgversprechender Weg für künftige Forschungsarbeit.

2.3.4. Staatspapiere

Die bisher vorgebrachten Argumente für die Überlegenheit von Geld gegenüber anderen Wertpapieren treffen sicher nicht auf zinstragende Staatspapiere zu. Ist staatlich produziertes Geld wegen seiner Anonymität ein auf allen Märkten gehandeltes Gut, dann müßte dies für staatliche Papiere, die Zinsen abwerfen, in gleicher Weise gelten. Haben aber Geld und Staatspapiere gleiche Qualität, dann wäre Geldhaltung nicht mehr rational, sondern würde nur einen unnötigen Zinsverlust bringen.

In der Tat stellen sichere verzinsliche Staatspapiere für jede Geldtheorie eine Herausforderung dar. John Bryant und Neil Wallace (1979) argumentieren, daß Transaktionskosten (etwa in Form einer staatlichen Regulierung) eine Rolle spielen müssen, wenn Geldhaltung trotz der Möglichkeit, verzinsliche Staatspapiere zu halten, rational sein soll.

So kann etwa die Ausgabe von Staatspapieren nur auf große (unteilbare) Summen beschränkt werden - explizit mit der Absicht, zu verhindern, daß diese als (überlegene) Substitute Geld aus dem Markt drängen. Wäre es jedoch privaten Wirtschaftssubjekten möglich, kostenlos Staatspapiere zu "stückeln", dann würde auch diese Regulierung ineffektiv. Doch gilt hier wieder, daß private Ansprüche auf staatliche Wertpapiere wegen moralischen Risikos kein perfektes Substitut für die Wertpapiere selbst darstellen, daß mit ihnen also wiederum Transaktionskosten (in Form von Informationskosten) verbunden sind.

Eine konsequente Weiterführung dieser Überlegungen führt zu überraschenden Folgerungen. Sie werden in dem Aufsatz von Bryant und Wallace klar herausgearbeitet:[6] Im Gleichgewicht werden Geld und von Finanzintermediären angebotene Ansprüche auf Staatspapiere nur dann gleichzeitig gehalten, wenn der Nominalertrag beider Wertpapiere gleich (also gleich Null) ist.
Besteht bei freiem Marktzutritt auf dem Markt für Finanzintermediäre ein Gleichgewicht, dann muß der Gewinn, der durch Stückelung von verzinslichen Staatspapieren entsteht, gleich Null sein. Bei der Umwandlung von unteilbaren Staatspapieren in teilbare Ansprüche entstehen aber Kosten in eben der Höhe der Zinsleistungen auf diese Papiere. Falls nun die Kosten des Druckens von Geld und von Staats-

papieren nicht differieren, ist es nicht effizient, verzinsliche Papiere auszugeben: Die privaten Wirtschaftssubjekte ziehen daraus keinen Vorteil, weil die Zinsleistungen gerade durch die Transaktionskosten der Vermittlertechnologie aufgezehrt werden.
Diese Ressourcen werden freigesetzt, wenn eine reine Geldfinanzierung betrieben wird. Anders formuliert: falls die Kosten der Ausgabe beider Wertpapierarten gleich sind, müßte sich dies bei einer effizienten Lösung in gleichen Preisen widerspiegeln (Staatspapiere dürften also nicht verzinst werden). Die Regulierung bringt Ineffizienzen mit sich.

Dieses interessante Ergebnis illustriert die grundsätzliche Schwierigkeit einer Geldtheorie, die gleichzeitig die Existenz von verzinslichen Staatspapieren ernsthaft in die Betrachtung einschließt; es wird deutlich, daß hier keine einfachen Antworten denkbar sind. Unsicherheit über den Ertrag von Staatspapieren ist ebenfalls keine sinnvolle Lösung, weil zunächst nicht einzusehen ist, wieso eine Politik sinnvoll sein kann, die Staatspapiere im Gegensatz zu Geldhaltung riskant macht.
Die negativen Ergebnisse lassen sich modifizieren, wenn der Staat beide Finanzierungsraten als Preisdiskriminierungsinstrument in einer "Second-Best"-Welt einsetzen will - so z.B. Wallace (1980). Sind etwa Kopfsteuern nicht zulässig, dann kann eine Verzinsung zusammen mit der Regulierung als Umverteilungsinstrument zugunsten der Zinsempfänger wirken (d.h. derjenigen, die in der Lage sind, Papiere in Höhe der Minimalstückelung zu halten.

2.4. Vergleich mit anderen Ansätzen zur mikroökonomischen Fundierung von Geldhaltung

Nach der Diskussion des Grundmodells und verschiedener Ansätze zur Erweiterung soll der hier gewählte Weg nun in Beziehung gesetzt werden zu alternativen Ansätzen, die ebenfalls Geldhaltung im Rahmen der mikroökonomsichen Gleichgewichtstheorie analysieren. Dabei geht es nicht darum, eine möglichst erschöpfende Darstellung der vorhandenen Literatur zu geben; vielmehr sollen Verbindungen zum hier entwickelten Ansatz hergestellt werden, indem jeweils sowohl Gemeinsamkeiten als auch Unterschiede herausgearbeitet werden.

Obwohl Geld jeweils unterschiedliche Funktionen erfüllt, haben die ersten drei der hier besprochenen Ansätze mit dem Grundmodell aus 2.1. gemeinsam, daß Geld dazu dient, intertemporale Friktionen zu überwinden, die entstehen, weil in einer Welt ohne Geld aus verschiedenen Gründen bindende Verpflichtungen nicht möglich sind. Die Modelle versuchen also letztlich, die Einschränkung von intertemporalen Transaktionsmöglichkeiten, die zu einer Folge von Budgetrestriktionen führt, zu rationalisieren.

Das erste Modell, formuliert von Douglas Gale, ist dabei mit dem hier entwickelten Modell am engsten verwandt. In einer Welt, in der kein Vertrauen darauf besteht, daß abgeschlossene intertemporale Kontrakte eingehalten werden, kann Geld (mit der dahinter stehenden staatlichen Autorität) als Bindeglied zwischen den sich ergebenden Budgetbeschränkungen dienen.

Das zweite behandelte Modell ist gegenwärtig zweifellos das Standardmodell einer mikroökonomisch fundierten Geldhaltung und wurde bereits auf vielfältige Fragestellungen angewandt: das Modell überlappender Generationen. In diesem Ansatz ist es aus einem recht natürlichen Grund nicht möglich, bestimmte bindende Kontrakte einzugehen: die nötigen Vertragspartner sind ganz einfach noch nicht geboren. Papiergeld, gestützt durch eine unendlich lang lebende soziale Institution, vermag unter gewissen Bedingungen diese Friktion bindender Kontrakte zu überwinden.

Ein dritter Ansatz, von Robert Townsend entwickelt, ist im Grunde eine räumliche Interpretation der formalen Struktur des Modells überlappender Generationen. Aufgrund einer unterstellten speziellen räumlichen Anordnung (die Wirtschaftssubjekte treffen sich nur einmal im Leben) ist es nicht möglich, Kreditverträge über intertemporalen Austausch abzuschließen. Wieder fällt Papiergeld die Aufgabe zu, die sich daraus ergebenden Friktionen zumindest teilweise zu mildern.

Während all diese Modelle Friktionen beschreiben, die den Abschluß bestimmter Kontrakte verhindern, führen Modelle mit Transaktionskosten Friktionen von anderer Qualität ein, die durch Geld teilweise überwunden werden können. Ein Vergleich soll die These stützen, daß für die Erklärung des Phänomens Geld der Ansatz eingeschränkter Vertragsmöglichkeiten grundlegend, der Transaktionskostenansatz dagegen von untergeordneter Bedeutung ist.

2.4.1. Abwesenheit von Vertrauen[1])

Intertemporale Verträge lassen sich so charakterisieren: Man erhält heute ein bestimmtes Gut und verspricht gleichzeitig, dafür zu einem späteren Zeitpunkt Güter vom gleichen Wert abzutreten. Die Arrow-Debreu-Theorie geht davon aus, daß dieses Versprechen ebenso gut ist wie die Leistung selbst, daß der Kontrakt also auch tatsächlich eingehalten wird. Die Vertragspartner vertrauen einander. Daß sich ökonomische Aktivität im Zeitablauf abspielt, wird dadurch irrelevant.

Gale argumentiert nun, daß es im intertemporalen Zusammenhang in der Regel nicht individuell rational ist, eingegangene Verpflichtungen auch zu erfüllen: Hat ein Haushalt heute bestimmte Güter erhalten gegen das Versprechen, später Güter zu liefern, dann gibt es für ihn a priori keinen Anreiz, sein Verprechen einzulösen, nachdem er die erhaltenen Güter bereits konsumiert hat. Er stellt sich besser, wenn er den Vertrag bricht und die Güter wieder selbst konsumiert (dies gilt freilich nur dann, wenn keine langfristigen Bindungen bestehen). Haben alle Wirtschaftssubjekte kein Vertrauen darauf, daß ihre Marktpartner gegebene Verpflichtungen einhalten, dann werden derartige intertemporale Transaktionen unmöglich.

Diese Überlegung führt Gale zum Konzept des sequentiellen Kerns einer Ökonomie, das das klassische Konzept des Kerns in einem entscheidenden Punkt modifiziert: Während dort dank gegenseitigen Vertrauens von uneingeschränkter Kooperation aller Wirtschaftssubjekte ausgegangen wird, sind nun die Kooperationsmöglichkeiten stark eingeengt.
Zum sequentiellen Kern gehören definitionsgemäß diejenigen Allokationen, die von Koalitionen nicht in der Weise unterminiert werden können, daß sie sich besser stellen, wenn sie zwar zunächst diese Allokationen akzeptieren, davon aber später wieder abweichen. Wenn also absehbar ist, daß ein späteres Brechen von Kontrakten rational ist, ist es nicht sinnvoll, solchen Kontrakten zuzustimmen. Weil keine Möglichkeit besteht, solche Verpflichtungen bindend zu machen, wären diese Verträge nicht dynamisch konsistent. Sie gehören nicht zum sequentiellen Kern, weil man auf ihre Einhaltung nicht vertrauen kann.

Diese Abwesenheit von Vertrauen führt zu einer drastischen Reduktion der Zahl zulässiger Allokationen (in vielen Fällen wird der sequen-

tielle Kern sogar aus der leeren Menge bestehen). Denn sie erzwingt selbst in einer Welt mit vollständigen Zukunftsmärkten eine Folge von Budgetbeschränkungen von einer etwas ungewöhnlichen Form.
Während in Sequenzökonomien (meist ohne nähere Begründung) in der Regel unterstellt wird, der Wert aller zu einem Zeitpunkt vereinbarten Kontrakte muß gleich Null sein, gilt hier: Der Wert aller Güter, die zu einem bestimmten Zeitpunkt getauscht werden (unabhängig davon, zu welchem Zeitpunkt dieser Tausch vereinbart wurde), muß sich für jeden Haushalt auf Null summieren (vgl. Abschnitt 2.2.1.)

Ebenso wie im Modell dieser Arbeit werden dann soziale Institutionen entstehen, die als Substitut für fehlendes Vertrauen dienen können. Gale führt staatliches Geld als zusätzliches Gut ein, das in der Lage ist, die Glaubwürdigkeit von Versprechen zu garantieren: Die Budgetrestriktionen werden in der Weise gelockert, daß eine Lieferung gegen Barzahlung erfolgen kann. Der Budgetausgleich beim Gütertausch erfolgt nun mit Hilfe von Geld; die in Abschnitt 2.2.1. formulierte Bugetrestriktion ändert sich um in:

$$\sum_{d \in D} p(d') z_{id}(d') + m_{dt} - m_{dt-1} = 0$$

Warum akzeptieren die Haushalte Geld als Äquivalent im Gegensatz zu bloßen Zahlungsversprechen? Anders gefragt: Was garantiert einen positiven Preis für das Gut Geld?
Gale betrachtet eine endliche Ökonomie mit rationalen Erwartungen. In der ersten Periode erhält jeder Haushalt vom Staat eine bestimmte Menge an Geld. Das Endzeitpunktproblem wird dadurch gelöst, daß am Ende jeder Haushalt Steuern in Höhe seiner Erstausstattung an Geld zahlen muß. Um nun die Steuern bezahlen zu können, ist jeder Haushalt, der Güter gegen Geld erwirbt, gezwungen, seinerseits wieder Güter in Geld umzutauschen.
In einer Welt ohne Unsicherheit ist dann das Geldsystem in Verbindung mit einer sozialen Institution, die die Zahlung der Steuern in der Endperiode durchsetzt, in der Lage, vollständig das fehlende Vertrauen wieder herzustellen - es wird also eine Arrow-Debreu-Allokation verwirklicht.
Bei Unsicherheit dagegen müßte, um solche first-best-Lösungen zu garantieren, für jeden Zustand der Welt ein eigenes Wertpapier (interpretierbar als zustandsspezifisches Geld) eingeführt werden (die Zahl der Wertpapiere muß den Zustandsraum aufspannen): "The need to assume

the existence of so many paper assets is rather embarassing, since only one of them can be identified with money" (Gale, 1978, S. 246 f).

Gegen den Einwand, daß der Staat ebensogut wie die Steuerzahlung gleich die Einhaltung der Kontrakte durch ein Legalsystem erzwingen könnte, führt Gale die Vorteile einer dezentralen Lösung an: Durch die Einführung von Geld muß der Staat nicht alle abgeschlossenen Kontrakte überwachen, sondern nur die Steuerzahlung in der Endperiode sicherstellen.
Diese Argumentation vermag freilich nicht ganz zu überzeugen: Ein staatliches Rechtssystem könnte durchaus bereits durch die Drohung von drastischen Sanktionen das Einhalten von Kontrakten anreizverträglich machen. Allein das Wissen um diese Sanktionen (als potentielle Drohung) macht es dann schon unattraktiv, von Verträgen abzuweichen.

Gales Modell läßt sich wohl eher als ein Extremfall interpretieren, der exemplarisch ein Grundprinzip jeder Geldtheorie illustriert, nämlich die Unmöglichkeit, bindende Verpflichtungen einzugehen. Dieser Extremfall führt zu einer mindestens ebenso wenig realistischen Form der Budgetbeschränkung wie die in Sequenzökonomien unterstellte.

Würden intertemporale Kontrakte ohne einen äquivalenten Geldstrom niemals eingehalten, wäre die Betrachtung alternativer Wertanlagemöglichkeiten ebenso ausgeschlossen wie die von Krediten. All dies ließe sich in das Modell nur integrieren, wenn unterschiedliche Kontraktformen unterschiedliche Transaktionskosten aufweisen. Der einzig sinnvolle Weg, solche Kostenunterschiede zu begründen, liegt wieder in unterschiedlichen Informationsanforderungen. Damit aber wird wieder der in Kapitel 2.1. formulierte Ansatz bestätigt. Er läßt sich leichter verallgemeinern. Auch die im Kapitel 2.3. ausführlich zitierten Bemerkungen von Gale stehen wohl eher in Einklang mit einem Modell, das Informationskosten ausdrücklich einbezieht, so wie es in dieser Arbeit geschieht.

Eine andere Fundierung der Geldtheorie liefert Douglas Gale in einer weiteren Arbeit (Gale, 1980). Er betrachtet folgendes Allokationsproblem: Ein Planer (etwa als Walrasianischer Auktionator) soll in einer Ökonomie, die sich über mehrere Perioden hin erstreckt, eine effiziente Allokation verwirklichen (beziehungsweise Gleichgewichtspreise bestimmen). Er ist aber nicht über die individuellen Charakteristika (Präferenzen, Erstausstattung etc.) der einzelnen Haushalte informiert. Diese sind nur jeweils den Haushalten selbst bekannt. Der Planer ist daher auf deren Mitteilungen angewiesen, und sein Problem besteht darin, Anreize für die einzelnen Haushalte zu schaffen, ihre wahren individuellen Charakteristika (beziehungsweise ihre wirkliche individuelle Überschußnachfrage) anzugeben.

Gemäß der Theorie anreizverträglicher Allokationsmechanismen ist es in einer Arrow-Debreu-Ökonomie für ein Wirtschaftssubjekt dann rational, seine wahren Charakteristika anzugeben, wenn es keinen fühlbaren Einfluß auf die Allokation hat, also vom Maß Null ist. Denn dann kann es sich durch Manipulation nicht besser stellen. Preisnehmerverhalten ist dann also rational.

Gale geht aber in seinem Modell davon aus, daß der Planer die Mitteilungen der Wirtschaftssubjekte in einer Periode aufgrund fehlender Planungskapazität (beschränkter Rationalität) nicht für spätere Perioden speichern kann. Er muß die Information je Periode wieder neu sammeln.

In einer solchen Sequenzökonomie können die Wirtschaftssubjekte daher in jeder Periode unterschiedliche Charakteristika angeben, um sich individuell besser zu stellen und somit eine effiziente Allokation verhindern. Die Institution Geld kann hier Abhilfe schaffen; sie erzwingt als rationales Verhalten, in jeder Periode wahre Angaben zu machen. Diese Idee soll kurz anhand des einfachsten Beispiels skizziert werden:

Betrachtet wird eine Ökonomie über 2 Perioden mit einem Gut je Periode. Ein Haushalt mit der Charakteristik e $(0<e<1)$ hat einen Erstausstattungsvektor $(e, 1-e)$ und eine Cobb-Douglas-Nutzenfunktion, die das Gut in beiden Perioden gleich gewichtet. Die Charakteristik ist zwischen Null und Eins über unendlich viele Individuen gleich verteilt. Ein einzelner Haushalt ist vom Maß Null.

Im Walrasianischen Gleichgewicht wäre das relative Preisverhältnis zwischen Konsum heute und Konsum morgen gleich eins; jeder Haushalt konsumierte pro Periode 0,5 Einheiten. Verfügte der Planer über ein ungetrübtes Gedächtnis, könnte er dieses Gleichgewicht durch folgende Regel verwirklichen: ein Haushalt erhält bei einer Mitteilung v in der ersten Periode die Zuteilung $g_1(v)=0{,}5-v$ und in der zweiten Periode $g_2(v)=v-0{,}5$. Diese Allokationsregel wäre anreizverträglich, denn für den Konsum eines Haushaltes e würde gelten: $c_1=e+0{,}5-v$ und $c_2=1-e+v-$

0,5=0,5-(e-v). Sein Nutzen U=ln(0,5+e-v)+ln(0,5-(e-v)) würde maximal für e=v, also wenn er die Wahrheit angeben würde.
Ist der Planer aber nicht in der Lage, die Information zu speichern, wird eine Umverteilung entsprechend dieser Allokationsregel in der 2. Periode unmöglich. Die Information muß wieder neu ermittelt werden, doch gibt es keinen anreizverträglichen Mechanismus, der für die 2. Periode allein wahre Angaben sicherstellen könnte.

Verfügt andrerseits jeder Haushalt am Anfang zusätzlich über eine Einheit Geld, die er am Ende der 2. Periode an eine zentrale Instanz zurückgeben muß, läßt sich folgende Allokationsregel durchführen: Bei einer Mitteilung v_1 in der 1. Periode erhält man die Gütermenge $0{,}5-v_1$ und die Geldmenge $v_1-0{,}5$ zugeteilt. Die Mitteilung v_2 in der folgenden Periode führt zur Zuteilung der Gütermenge $v_2-0{,}5$ und der Geldmenge $0{,}5-v_2$ (Die Haushalte unterliegen also einer sequentiellen Budgetrestriktion; erhalten sie etwas von dem Gut, müssen sie dafür Geld im gleichen Wert abgeben und umgekehrt).
Da jeder Haushalt am Ende eine Einheit Geld zurückgeben muß, gilt nun aber die Beschränkung: $v_1-0{,}5+o{,}5-v_2\geq 0$ oder $v_1\geq v_2$. Das bedeutet jedoch, es ist optimal, in jeder Periode die gleiche Charakteristik anzugeben ($v_1=v_2$). Die nutzenmaximale Mitteilung ist damit aber gerade die wahre Charakteristik e.

Dieses zweite Modell von Gale basiert wiederum auf dem Prinzip, das auch den Ausgangspunkt für die Geldtheorie in dieser Arbeit bildet: der Unmöglichkeit, ohne Geld intertemporale Bindungen einzugehen. Geld dient in Gales Modell dazu, Mitteilungen in der 2. Periode an die Mitteilungen der 1. Periode zu binden. Die Haushalte werden damit in ihren Möglichkeiten, beliebige Angaben zu machen, drastisch eingeschränkt; Geld speichert auf diese Weise automatisch die Information, die in der 1. Periode über die Charakteristika gesammelt wurde und überwindet damit die Vergeßlichkeit des Planers.
Allerdings ist die Ursache dafür, daß Bindungen unmöglich sind, hier etwas arbiträr: Es ist nicht unbedingt plausibel, weshalb der Planer unfähig sein sollte, die Information zu speichern. Ein Hauptvorteil des in dieser Arbeit formulierten Ansatzes liegt dagegen darin, daß Planungsrestriktionen exakt definiert und zudem plausibel sind.

2.4.2. Überlappende Generationen

Das gegenwärtig populärste Modell der Geldtheorie ist das Modell überlappender Generationen. In seinen Grundzügen wurde es bereits von Paul Samuelson (1958) formuliert, galt dann aber lange Zeit nicht als ernsthaftes Grundmodell für die Behandlung geldtheoretischer Fragestellungen.

In den letzten Jahren wurden jedoch viele Theoretiker unzufrieden mit dem Vorgehen, Geld in rein neoklassischen Modellen zu betrachten, ohne dabei Friktionen einzuführen, in deren Rahmen Geldhaltung sich aus einem individuellen mikroökonomischen Optimierungskalkül ableiten läßt. Da das Modell überlappender Generationen gerade dies in recht einfacher Form leisten kann, erfreut es sich nunmehr ständig zunehmender Beliebtheit: In zahlreichen Arbeiten[2] ist es eingehend analysiert und in verschiedene Richtungen verallgemeinert worden; zudem wurde das Modell mit einigem Erfolg auf verschiedene geldpolitische Fragestellungen angewandt.[3]

In einer Welt überlappender Generationen kann die junge Generation aus einem sehr einfachen Grund mit der ihr nachfolgenden keine bindenden Verträge abschließen: diese ist noch gar nicht geboren. Damit führt die Generationenfolge zu natürlichen Friktionen, die zunächst first-best-Lösungen verhindert: Die Jungen heute sind nicht bereit, Güter an die alte Generation abzugeben, weil sie nicht sicherstellen kann, daß sie dafür als Ausgleich von später nachfolgenden Generationen selbst unterstützt wird.

Die Erfindung von Geld kann dieses Dilemma lösen: Als Tauschobjekt für die erhaltenen Güter gibt die alte Generation den Jungen Geld; diese akzeptieren es im Vertrauen darauf, es wiederum bei der nächsten Generation in Güter umtauschen zu können.

Das Grundprinzip wird bei der Betrachtung des einfachsten Falles[4] am deutlichsten: jede Generation lebt zwei Perioden lang. Zu jedem Zeitpunkt gibt es also jeweils eine alte und eine junge Generation. Es gibt nur ein Konsumgut. Die Ökonomie ist stationär im folgenden Sinn: alle Generationen haben die gleichen Präferenzen (darstellbar durch eine streng quasi-konkave, stetig differenzierbare Nutzenfunktion $U(c_t)$ (wobei $c_t=(c_{tt}, c_{t,t+1})$ den Vektor für Konsum der Generation t in den Perioden t und t+1 darstellt)) und gleiche Erstausstattung $e_t=(e_{tt}, e_{t,t+1})$ (d.h. e_t ist für alle Generationen gleich). Schließlich verfügen die Alten der 1.Periode (Generation 0) neben der Erstausstattung e_{01} über einen Geldbetrag M. Zur Vereinfachung bestehe jede Generation aus genau einem Individuum. Der Güterpreis in Geldeinheiten betrage p_t.

Das Maximierungsproblem von Generation t lautet:

$$\text{Max } U(c_{tt}, c_{t,t+1}) \quad \text{bei}$$

$$c_{t,t} + M/p_t = e_{tt}$$

$$c_{t,t+1} = e_{t,t+1} + M/p_{t+1} \qquad (M \geq 0)$$

Für Generation 0 lautet es:

$$\text{Max } U(c_{01}) \text{ bei } c_{01} = e_{01} + M/p_1$$

Für eine repräsentative Generation t läßt sich eine Offer-Kurve konstruieren: erwartet Generation t in der nächsten Periode den Preis p_{t+1} und damit das reale Austauschverhältnis p_t/p_{t+1}, dann bietet sie in der Periode t die Gütermenge $-z_{tt} = e_{tt}-c_{tt}$ an, um in der nächsten Periode (im Alter) $z_{t,t+1} = c_{t,t+1}-e_{t,t+1}$ nachzufragen.

Die Generationen haben wieder rationale Erwartungen (da sie nur zwei Perioden lang leben, dürfte es schwer fallen, die Rationalität der Erwartungen durch einen Bayesschen Lernprozeß zu motivieren - ein Ausweg wäre, daß die ältere Generation ihre Erfahrungen jeweils an die jüngere vererbt - vgl. Hahn (1982)). Die Steigung der Indifferenzkurve im Punkt der Erstausstattung sei bezeichnet mit

$$\bar{\gamma} = \partial U(e_{tt}, e_{t,t+1})/\partial c_{tt} / \partial U(e_{tt}, e_{t,t+1})/\partial c_{t,t+1}$$

Wie läßt sich ein Gleichgewicht der Gesamtökonomie bei rationalen Erwartungen beschreiben?
Im Gleichgewicht muß für alle t gelten: $z_{tt} + z_{t-1,t} = 0$.

Alle möglichen Gleichgewichte können anhand der Offer-Kurve recht einfach diskutiert werden: Das Angebot der jungen muß jeweils der Nachfrage der alten Generation entsprechen. Zu jedem $z_{t-1,t}$ kann demnach anhand der 45° Linie das gleich große Angebot $-z_{tt}$ ermittelt werden. Stationäre Gleichgewichte (alle Generationen weisen das gleiche Konsumprofil auf) liegen immer auf der 45° Linie. Denn für sie muß gelten: $-z_{tt} = z_{t,t+1}$.

Ein mögliches stationäres Gleichgewicht besteht immer darin, daß die Generationen ihre Erstausstattung konsumieren und überhaupt nichts getauscht wird (Autarkiesituation mit z=0). Der intertemporale Gleichgewichtspreis beträgt dann $p_t/p_{t+1} = \tilde{\gamma}$. Dies ist der Fall des nicht-monetären Gleichgewichts, in dem Geld keinen Wert hat (1/p=0).(Vgl. Abb. 2.4.)

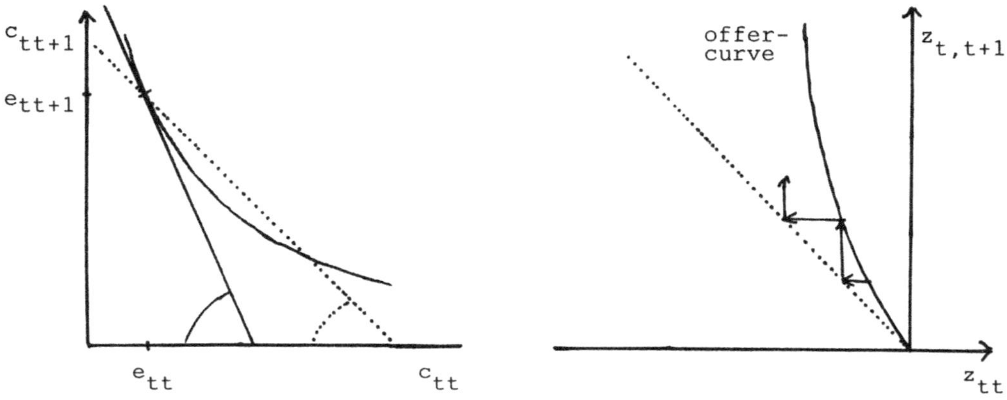

Effizientes Autarkiegleichgewicht
Abbildung 2.4.

Eine einfache Überlegung zeigt, daß dies das einzig mögliche Gleichgewicht darstellt, wenn gilt: $\tilde{\gamma} > 1$. Denn um die Jungen zur Geldhaltung zu veranlassen, müßten dann die Preise im Zeitablauf sinken (Deflation) (s. Abb. 2.4.a.). Soll langfristig Gleichgewicht herrschen, müßte sich die Deflation immer stärker beschleunigen, weil die reale Gütermenge, die die heute Jungen im Alter verlangen, unbegrenzt steigt. Dies ist aber gesamtwirtschaftlich unmöglich.

Ist also die Grenzrate der Substitution im Punkt der Erstausstattung zu hoch ($\tilde{\gamma} > 1$), dann existiert kein monetäres Gleichgewicht. Wegen der Generationen- Struktur ist Borgen zudem unmöglich; denn die Alten haben keine Veranlassung, den Jungen Güter zu leihen ($M \geq 0$ ist eine natürliche Restriktion). Ein Lebenszyklus, in dem in der Jugend entspart würde, muß hier zwangsläufig zur Autarkie führen. Die Autarkiesituation ist damit das eindeutige effiziente Gleichgewicht.

Falls $\gamma < 1$, existiert dagegen neben dem Autarkiegleichgewicht noch ein anderes (monetäres) stationäres Gleichgewicht: $p_t = p_{t+1} = p$, wobei sich p bestimmt aus $z = M/p$ (Vgl. Abb. 2.5.). Dann nämlich bieten die Jungen jeweils genau so viel an, wie die Alten nachfragen. Dies setzt sich bis ins Unendliche fort. Ein Vergleich beider stationärer Gleichgewichte zeigt, daß der Autarkiefall inferior ist: Geld führt im Vergleich zur Laissez-Faire-Allokation zu einer Allokationsverbesserung.

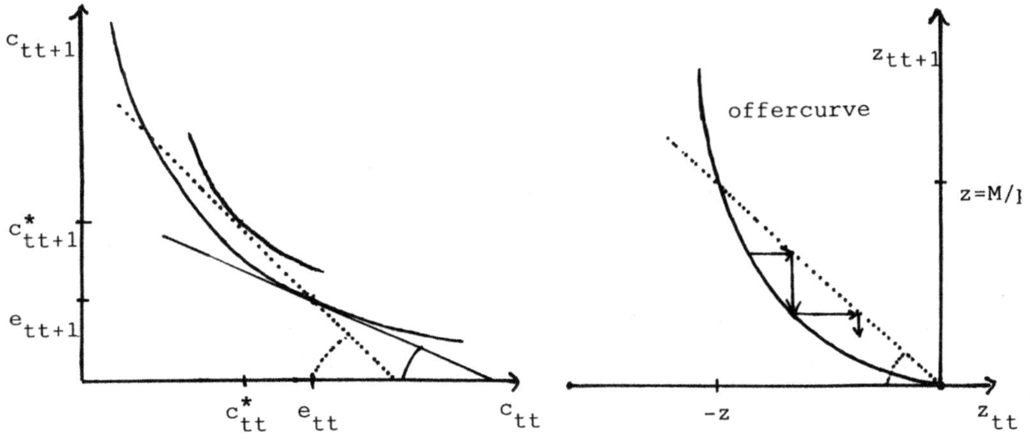

Monetäre Gleichgewichte
Abbildung 2.5.

Der tiefere Grund liegt, wie Karl Shell (1971) gezeigt hat, in der Betrachtung eines unendlichen Zeithorizontes. Shell vergleicht die Situation mit einem Hotelier, der in einer stürmischen Nacht von einem neuen Gast bedrängt wird, ein Bett freizumachen. Zwar hat der Hotelier bereits all seine abzählbar unendlich vielen Betten an ebenso viele Gäste vergeben, doch löst er das Problem elegant, indem er einfach alle bittet, ein Bett weiter zu rücken. Ganz analog erhält hier die Generation 0 zusätzliche Konsumgüter, indem sie mit Papiergeld als einem Anspruch auf ein potentielles Äquivalent bezahlt, den sie selber nie einlösen wird.

Für $\tilde{\gamma} < 1$ ist das stationäre monetäre Gleichgewicht effizient im Sinn von Pareto (für einen Effizienzbeweis siehe Okuno/Zilcha, 1983). Nur falls der Gleichgewichtszinssatz $(p_t/p_{t+1} - 1)$ größer als die natürliche Wachstumsrate der Wirtschaft ist (da diese hier gleich Null ist (n=0), muß gelten: $\tilde{\gamma} - 1 > n = 0$), ist zur Verwirklichung einer stationären effizienten Lösung die Institution Geld nicht erforderlich - ganz einfach deshalb, weil dann ohnehin Geld nicht gehalten würde.

Eingehendere Überlegungen zeigen jedoch, daß Geld keineswegs zwingend eine effiziente Allokation garantiert. Das stationäre monetäre Gleichgewicht ist nämlich nur eines von (unendlich vielen) möglichen monetären Gleichgewichten mit rationalen Erwartungen (vgl. David Cass, Masihiro Okuno und Itzhak Zilcha (1979) sowie Hahn (1982)).

Inflationäre Erwartungen ($p_{t+1}>p_t$) (vgl. Abb. 2.5., wobei p_{t+1}/p_t dem Punkt 1 entspricht) sind rational, wenn p_{t+1} in der nächsten Periode tatsächlich den Markt räumt. Dies ist genau dann der Fall, wenn die nächste Generation wieder rational eine sich nun beschleunigende Inflation $p_{t+2}>p_{t+1}$ erwartet (mit p_{t+2}/p_{t+1} so, daß das Preisverhältnis Punkt 2 in Abb. 2.4. entspricht). Für jedes erwartete $p_{t+1}>p_t$ gibt es somit ein inflationäres Gleichgewicht bei rationalen Erwartungen über alle Perioden hin. Diese Gleichgewichte haben die Eigenschaft, daß sich (wegen der sich selbst beschleunigenden Inflationsrate) die Ökonomie für $t\to\infty$ in Richtung Autarkiezustand bewegt.

Diese Art sich selbst bestätigender Erwartungen entspricht den Überlegungen von Abschnitt 1.2.2. Es gibt eine Vielzahl von monetären Gleichgewichten, die Pareto-inferior sind im Vergleich zum monetären Gleichgewicht mit stationären Preiserwartungen (ähnliches gilt natürlich auch für das Modell in 2.1.; solche nicht-stationären rationalen Erwartungs-Gleichgewichte zu charakterisieren, ist dort allerdings wesentlich schwieriger).
Der etwas paradoxe Fall einer Hyperinflation bei konstanter Geldmenge macht Schwierigkeiten deutlich, die ganz allgemein in einer mikroökonomisch fundierten Geldanalyse auftreten. Darüberhinaus haben Cass/Okuno/Zilcha (1979) gezeigt, daß in nicht-stationären Ökonomien (etwa wenn die Präferenzen der Generationen unterschiedlich sind) nicht notwendig effiziente monetäre Gleichgewichte existieren.

Das Modell überlappender Generationen hat den Vorteil, daß es einige essentielle Eigenschaften von Geld ganz klar herausarbeitet und dabei im Vergleich zu anderen Ansätzen verhältnismäßig einfach zu handhaben ist. Die in sich dynamische Struktur löst auf elegante Weise das Endzeitpunktproblem: Die Institution Geld als gesellschaftliche Institution ist im Gegensatz zu den einzelnen Individuen (Generationen) unsterblich.

Die Gegenüberstellung von monetärem und Autarkie-Gleichgewicht arbeitet deutlich heraus, daß Geld nur im Vertrauen darauf akzeptiert wird, es an andere weitergeben zu können. Der vergleichsweise übersichtlichen Struktur verdankt das Modell seine hohe Attraktivität bei Versuchen, geldtheoretische, aber auch geldpolitische Fragestellungen in einem Rahmen zu analysieren, der von individuell rational handelnden Wirtschaftssubjekten ausgeht und Geldhaltung nicht durch ad-hoc-Beschränkungen einführt.

Ebenso aber wie von vielen das Modell als der erfolgversprechenste Ansatz für moderne Geldtheorie angesehen wird (siehe Wallace (1980) und Bryant (1980)), gibt es eine Vielzahl von Ökonomen, die dem Ansatz äußerst kritisch gegenüber stehen.[5] Sie argumentieren, vieles von dem, was wesentlich am Phänomen Geld sei, bleibe im Modell überlappender Generationen außer Betracht. Im folgenden sollen einige Kritikpunkte diskutiert werden, die beim Vergleich mit dem Modell aus Kapitel 2.1. von besonderem Interesse sind.

- Die Diskussion des Modells hat gezeigt, daß die Institution Geld ein etwas problematisches Mittel ist, um die Friktionen zu überwinden und eine effiziente Allokation zu garantieren: Die effiziente Lösung ist nur eine von unendlich vielen monetären Gleichgewichten; die Einführung von Heterogenität der Generationen kann sogar dazu führen, daß ein effizientes monetäres Gleichgewicht unmöglich wird.

  James Tobin (1980) wendet daher ein, Papiergeld sei nicht unbedingt das vertrauenswürdigste Instrumentarium zur Überwindung der Friktionen; eine staatliche Sozialversicherung könnte der Institution Geld überlegen sein, um einen vorteilhaften Tausch zwischen Generationen zu gewährleisten.
  Natürlich gilt, daß auch eine staatliche Sozialversicherung keine bindenden Verpflichtungen künftiger Generationen durchsetzen kann. Ebenso wie es stark von den Erwartungen über das Verhalten künftiger Generationen abhängt, ob Geld als Mechanismus funktioniert, bedarf eine staatliche Sozialversicherung eines gewissen Vertrauens.

  Tobin's Argument ist nun, man könne einer ausdrücklichen staatlichen Verpflichtung mehr Vertrauen entgegenbringen als einer instabilen Hoffnung auf einen positiven Geldwert in einem dezentralen Marktsystem. Unabhängig davon, für wie überzeugend man dieses Argument hält, gilt auf jeden Fall, daß Geld nicht die einzig denkbare institutionelle Regelung zur Überwindung der Friktionen durch überlappende Generationen darstellt.

- Bennett McCallum (1983) wirft dem Modell überlappender Generationen vor, es sei als Geldmodell deshalb ungeeignet, weil Geld darin als reines Wertaufbewahrungsmittel diene und nicht als Tauschmittel verwandt werde. Seine Argumentation ist ebenso simpel wie schwer nachvollziehbar: Ein Tauschmittel ermöglicht nach allgemeinem Verständnis Konsum- und Freizeitalternativen, die sonst nicht vorhanden wären.
  Da im Modell überlappender Generationen jedoch mit und ohne Geld die gleichen Güterbündel verfügbar sind, schließt er daraus, daß Geld hier keine Tauschmittelfunktion habe. Abgesehen jedoch davon, daß Geld ganz eindeutig als Tauschmittel zwischen Generationen verwandt wird und die Trennung der Funktionen von Tausch- und Wertaufbewahrungsmittel sich in der Gleichgewichtsanalyse als fragwürdig erweist (vgl. Kapitel 2.3.), eröffnet Geld in diesem Modell im Vergleich zur Autarkie durch Umverteilungsmöglichkeiten zusätzliche Alternativen und bewirkt so eine Allokationsverbesserung. Geld ermöglicht den Wirtschaftssubjekten somit neue Konsummöglichkeiten, damit einen höheren Nutzen.
  Wer freilich McCallum's Kriterium akzeptiert, muß in jedem Fall den in dieser Arbeit präsentierten Ansatz als überlegen ansehen.

- Eine wesentlicher Kritikpunkt scheint mir, daß innerhalb des Modells nicht die Wahl zwischen verschiedenen alternativen Wertpapieranlagemöglichkeiten betrachtet werden kann. Konkret: aus der Friktion überlappender Generationen allein läßt sich niemals begründen, wieso mehrere Wertpapierarten gleichzeitig gehalten werden. Um dies zu erklären, ist es nötig, zusätzlich Friktionen anderer Art einzuführen (Hahn (1982) etwa macht dies mit Hilfe von Transaktionskosten).

Somit werden wieder die Überlegungen von Abschnitt 2.3.3. relevant. In Modellen, in denen die Generationenfolge die einzige reale Friktion darstellt, müßten jedenfalls notwendigerweise andere Wertpapiere entweder perfekte Substitute zu Geld sein (es gibt dann nichts, was Geld gegenüber anderen Anlagemöglichkeiten auszeichnet) - so in Sargent/Wallace (1983) - oder, falls es zinsbringende Wertpapiere gibt, müssen irgendwelche Regulierungen (etwa eine Minimal-

stückelung) die völlige Substituierbarkeit verhindern - so in Sargent/Wallace (1982). Daraus geldpolitische Schlußfolgerungen zu ziehen, wäre sicher etwas voreilig.
Gerade hier liegt vermutlich ein Hauptgrund für die Abneigung vieler Ökonomen gegen das Modell überlappender Generationen als Erklärungsmodell für das Phänomen Geld. Zwar ist die Betrachtung einer Folge von Generationen ein angenehmes Instrument, um Geld analytisch handhabbar zu machen, doch werden damit die Qualitäten von Geld im Vergleich zu anderen Wertpapierarten nicht erfaßt.

- Ein weiterer Punkt, der auch von Verfechtern dieses Ansatzes gesehen wird, ist die intuitive Überlegung, daß Geld die Friktionen, die seine Einführung erforderlich machen, wohl kaum vollständig überwinden kann (vgl. etwa die im Abschnitt 2.2.2 zitierten Bemerkungen von Frank Hahn (1971). Stationäre monetäre Gleichgewichte in Modellen überlappender Generationen jedoch sind in einem unbeschränkten Sinn Pareto-effizient. Die monetäre Restriktion wird in diesem Modell nie bindend.
  Demzufolge kann etwa die Fragestellung der Theorie der optimalen Geldmenge in diesem Rahmen überhaupt nicht behandelt werden. Wallace (1980) schreibt dazu selbstkritisch: "...money, in a way, works too well in that model. Money completely overcomes the friction. Given a real friction, there is no reason why it should be feasible to overcome it completely."

2.4.3. Geld in räumlichen Modellen

Ein weiterer interessanter Ansatz zur Geldtheorie wurde von Robert Townsend (1980) formuliert, nicht zuletzt in dem Bemühen, zu klären, inwieweit die Effizienzeigenschaften des Modells überlappender Generationen bei anderen Interpretationen gültig sind. Er überträgt daher die formale Struktur des Generationenmodells auf ein räumliches Modell. Eine exakt definierte räumliche Struktur schränkt die Transaktionsmöglichkeiten zwischen den Wirtschaftssubjekten drastisch ein; bindende Kontrakte werden unmöglich. Zur Illustration des Grundgedankens sei hier eine von mehreren von ihm entwickelten Varianten skizziert.

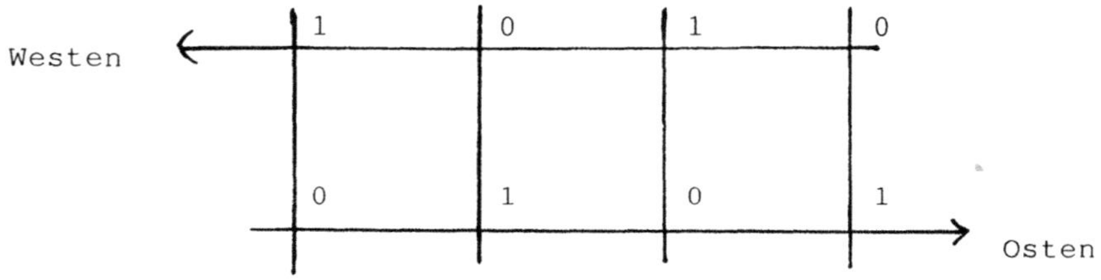

Geld auf der Autobahn
Abbildung 2.6.

Es gibt abzählbar unendlich viele räumlich getrennte Märkte, die entlang einer Autobahn angeordnet sind. Die Märkte sind voneinander völlig isoliert. Transaktionen zwischen verschiedenen Märkten sind also zu einem gegebenen Zeitpunkt nicht möglich. Alle Haushalte reisen im Zeitverlauf entlang der Autobahn entweder in östliche oder in westliche Richtung und rücken jede Periode auf den jeweils nächsten Markt vor (vgl. Abb. 2.6.; die lokalen Märkte sind durch Trennstriche markiert).

Wieder gibt es ein Konsumgut. Die Erstausstattung jedes Haushaltes wechselt im Zeitablauf jeweils zwischen 0 und 1 (wie die Zahlen in Abb. 2.6. andeuten). Auf jedem lokalen Markt befinden sich also jeweils Haushalte mit Erstausstattung von Null und solche mit einer von Eins.

Bilateraler Tausch zu einem einzelnen Zeitpunkt ist damit unmöglich. Aber auch wenn ein Haushalt mit einer Erstausstattung von 0 zum Zeitpunkt t einen privaten Schuldschein ausstellen wollte, könnte er niemanden finden, der den Schein als Zahlungsmittel akzeptieren würde: Da die Autobahn jeweils nach Westen und Osten ins Unendliche führt, werden sich die Vertragspartner niemals wieder treffen.
Die Ausgabe von Papiergeld kann hier wieder Abhilfe schaffen. Sie kann die Situation gegenüber der Autarkie verbessern, aber, wie Townsend zeigt, alleine nicht eine Pareto-effiziente Allokation herbeiführen.

Um dies zu illustrieren, seien zunächst effiziente Allokationen charakterisiert. Dabei werden nur symmetrische Allokationen der Art betrachtet,daß alle Haushalte, die am Anfang eine Erstausstattung von 0 haben (Typ A), gleich behandelt werden unabhängig von ihrem Standort (analog für Typ B mit einer Erstausstattung von 1 in der ersten Periode).
Alle Haushalte haben die gleiche Nutzenfunktion $W= \sum_{t=1}^{\infty} \delta^{t-1} U(c_t)$ mit den üblichen Eigenschaften. Für eine effiziente Allokation muß dann gelten, daß die Grenzrate der Substitution zwischen verschiedenen Perioden für beide Typen gleich sein muß: $U'(c_{tA})/U'(c_{\tau A}) = U'(c_{tB})/U'(c_{\tau B})$ für alle t, τ. Da zudem $c_{tA}+c_{tB}=1$ gelten muß, ist diese Bedingung äquivalent damit, daß die verschiedenen Haushaltstypen in jeder Periode eine konstante Menge von dem Gut konsumieren, also: $c_{tA}=b$, $c_{tB}=1-b$ mit $0<b<1$, unabhängig von t.

Ein monetäres Gleichgewicht wäre nun genau dann effizient, wenn eine Deflation entsprechend der Zeitpräferenzrate erfolgte: $p_{t+1} = \delta\, p_t$. Denn im monetären Gleichgewicht müßte etwa für Typ A gelten: $U'(b)/\delta\, U'(b) = p_t/p_{t+1}$, damit: $p_{t+1} = \delta\, p_t$. Die Restriktion $M_t \geq 0$ würde dann nie bindend.
Existiert ein deflationäres Gleichgewicht mit diesen Eigenschaften? Haushalte vom Typ A erhalten dann in Perioden mit positiver Erstausstattung für den Verzicht auf 1-b den Geldbetrag $p_t(1-b)$. In der darauf folgenden Periode geben sie den Geldbetrag $p_{t+1}b$ aus. Der Zuwachs an Geld zwischen t und t+2 muß demnach $M_{t+2}-M_t = p_t(1-b)-p_{t+1}b$ sein. Im Gleichgewicht können die Haushalte nicht ständig Geld akkumulieren. Es muß also gelten: $M_{t+2}-M_t = 0$. Dies ist wegen der Deflation gleichbedeutend mit der Bedingung $(1+b)/b= \delta$. Analoge Überlegungen für Haushalte vom Typ B führen zur Gleichung $b/(1-b)= \delta$.
Beide Gleichungen können aber nicht gleichzeitig erfüllt sein, falls

die Haushalte die Zukunft abdiskontieren. ((1-b)/b=b/(1-b) ist nur erfüllbar für b=1/2; das wäre aber gleichbedeutend mit δ =1). Bei Abdiskontierung ist also ein monetäres Gleichgewicht mit Deflation (ohne Korrektur durch Kopfsteuern) nicht möglich. Nur für δ =1 kann das effiziente Gleichgewicht verwirklicht werden.

Wie Townsend (1980) ableitet, existiert dagegen ein monetäres Gleichgewicht mit einem konstantem Preisniveau p. In Perioden positiver Erstausstattung konsumieren hier die Haushalte den Betrag c* und erhalten die Geldmenge M=pc** aus dem Verkauf von c**<c* mit c**+c*=1). In der nächsten Periode wird das Geld ausgegeben, um c** zu konsumieren. Alle 2 Perioden wird also die monetäre Restriktion $M_t \geq 0$ bindend. c* und c** sind durch folgende Bedingungen bestimmt:

$U'(c^*)/\delta U'(c^{**})=1$ und $c^*+c^{**}=1$

Dieses monetäre Gleichgewicht, wenn auch nicht effizient, ist superior im Vergleich zur Autarkie.

Ebenso wie in dem Ansatz von Kapitel 2.1. und den oben besprochenen Modellen wird in Townsends räumlichen Modell Geld nicht als primitive Annahme in die Nutzenfunktion eingeführt, sondern der Nutzen wird modellendogen abgeleitet. Um dies zu gewährleisten, verwendet Townsend allerdings einige drastische Kunstgriffe:
Die Transaktionskosten zwischen Märkten werden als unendlich hoch definiert, und die Haushalte haben keine Möglichkeit, ihre Reiseroute zu beeinflussen: sie fahren unentwegt auf der Autobahn in einer Richtung. So ergibt sich zwangsläufig die Frage, inwiefern die spezielle räumliche Struktur für die Ergebnisse entscheidend ist. Würde sich die Autobahn etwa im Kreis bewegen, ergäbe sich die Möglichkeit für privaten Kredit.
Der Modellansatz dürfte wohl erst dann interessant werden, wenn die Raumstruktur - etwa durch Einführung endlicher Transaktionskosten - endogenisiert wird. In einem solchen Rahmen ließen sich dann auch Finanzintermediäre analysieren. Erste Ansätze in dieser Richtung finden sich in einer neueren Arbeit von Townsend (1983).

Unbefriedigend an dem Modell ist ferner, daß die Möglichkeiten für Staatsinterventionen nicht wohldefiniert sind. So zeigt Townsend in der besprochenen Arbeit, daß mit Hilfe von entsprechenden Kopfsteuern

(Umverteilung der Erstausstattung) ein effizientes monetäres Gleichgewicht mit Deflation in Höhe der Zeitpräferenz verwirklicht werden kann. Friedmans Hypothese der optimalen Geldmenge bestätigt sich hier also. Doch drängt sich hier die Frage auf, warum nicht gleich eine effiziente Umverteilung der Erstausstattung erfolgt, sondern statt dessen Kopfsteuern in einer Form erhoben werden, die gemeinsam mit einer Deflationspolitik eine effiziente Allokation ermöglichen. Welche Friktion verhindert die Durchführbarkeit der ersten Maßnahme, läßt aber die andere Politik zu?

Allgemeiner: welchen Restriktionen unterliegen staatliche Handlungen? Für staatliche Eingriffe auf den verschiedenen Märkten bestehen offensichtlich keine Transportkosten. Es ist somit nicht möglich, Effizienz in einem beschränkten Sinn - also relativ zu wohl formulierten staatlichen Handlungsmöglichkeiten - zu definieren. Das Ergebnis über die Effizienz einer Deflationierungspolitik muß daher mit Skepsis betrachtet werden.

Townsend (1980, S. 297 f.) selbst bemerkt dazu treffend:

"What is needed is theory in which the choice of social arrangements or games is endogenous. That is, the environment of the model should be sufficiently rich that certain games or constraints are either technically infeasible or too costly (if not impossible) to enforce. Models with moral hazard and asymmetric information may be needed."

Daß Modelle mit asymmetrischer Information diese Aufgabe leisten können, ist in dieser Arbeit gezeigt worden. Denkbar ist natürlich, daß ein verallgemeinertes Raummodell mit expliziten Transportkosten, die auch für staatliche Aktivität definiert sind, zu ähnlichen Ergebnissen führen kann.

2.4.4. Transaktionskosten

Es ist völlig unumstritten, daß Geld die Transaktionskosten von Tauschaktivitäten reduziert und somit als Tauschmittel eine Ersparnis an Ressourcen ermöglicht. In zahlreichen Arbeiten[6] wurde der Versuch unternommen, diese Idee zu formalisieren.
Transaktionskosten lassen sich grob unterteilen einmal in die Kosten, die erforderlich sind, um Märkte überhaupt erst zu etablieren, Gleichgewichtspreise festzulegen etc., und zum anderen in die Kosten, die entstehen, wenn zu den Gleichgewichtspreisen tatsächlich ein physischer Güteraustausch vollzogen wird. Die überwiegende Mehrzahl der Arbeiten beschäftigt sich mit dem zweiten Aspekt, nicht zuletzt wohl deshalb, weil die erste Frage im Grunde nicht im Rahmen einer Gleichgewichtsanalyse behandelt werden kann, sondern die Modellierung von Preissetzungsverhalten erfordert.

Während es in den bisher besprochenen Modellen darum ging, zu motivieren, warum bindende Kontrakte nicht möglich sind, nehmen die Transaktionskostenmodelle eine Sequenz von Budgetrestriktionen als gegeben an. Der Wert aller in einer Periode vereinbarten Nettotransaktionen muß gleich Null sein. Diese Solvenzanforderung für Teilmärkte wird nicht weiter ökonomisch fundiert. So postuliert z.B. Niehans (1978, S. 26) ohne den Versuch einer Begründung: "...exchange is subject to the solvency constraints $m_t \geq 0$."
Die Vorstellung, daß Tausch auf jedem Teilmarkt die Bedingung "quid pro quo" erfüllen muß, scheint zu selbstverständlich, um hinterfragt zu werden. Der Versuch von Douglas Gale, diese Bedingung zu begründen aus einem Mangel an Vertrauen darauf, daß Lieferversprechen tatsächlich eingehalten werden, führt jedoch, wie in Abschnitt 2.4.1. gezeigt, zu einer anderen Formulierung der Budgetrestriktion.
Anknüpfend an Abschnitt 2.3.3., läßt sich eine Solvenzanforderung auf Teilmärkten allgemeiner aus Informationsproblemen über die Kreditwürdigkeit des Tauschpartners ableiten. Gemäß dieser Interpretation sind Transaktionskosten also fundamental mit Informationsproblemen verknüpft. Im folgenden soll gezeigt werden, daß der Informationskostenansatz in der Tat grundlegendere Einsichten in die Qualität des Wertpapiers Geld vermitteln kann als globale Transaktionskostenmodelle.[7]

Gegeben die Sequenz von Budgetrestriktionen, gehen Modelle mit Trans-

aktionskosten davon aus, daß der Tausch von Gütern physische Ressourcen verbraucht. Es gibt eine Transaktionstechnologie, gemäß der Gütertausch nur mit Hilfe des Einsatzes von Faktoren möglich ist.[8] Transaktionstechnologien sind in der Regel nicht konvex. Die Berücksichtigung von Nicht-Konvexitäten führt zu einer Bündelung der Transaktionen auf wenigen Märkten (für eine Analyse solcher Nicht-Konvexitäten ist die Arbeit von Walter Heller und Ross Starr (1976) wegweisend).
Die Modelle führen schließlich die Annahme ein, daß die Transaktionskosten geringer sind (oder gar Null sind), falls bei den Transaktionen Geld verwendet wird. Für die Technologie kann man etwa fordern: $T(z, m)$ mit $T_z>0$ und $T_m<0$. Die Transaktionskosten sind dann eine zunehmende Funktion des Tauschvolumens und eine abnehmende Funktion der realen Geldmenge. Heller/Starr (1976) begründen diese Annahme beispielsweise folgendermaßen:

"A distinguishing feature of money should be its low transactions and storage costs as compared to goods, bonds and futures contracts."

Im Extremfall etwa sind die Transaktionskosten für physische Güter unendlich hoch, für Geld dagegen Null (dann ergibt sich der sogenannte Clower-Constraint). Unter diesen Annahmen läßt sich in der Tat zeigen, daß eine monetäre Ökonomie relativ zu einer nicht-monetären eine Ersparnis an Transaktionskosten bringt.

Unbeantwortet bleibt dabei freilich die Frage, worin letztlich die besondere physische Eigenschaft des Papiers Geld besteht, die ihm diese erfreuliche Fähigkeit verleiht.[9] Transaktionskosten werden in solchen Modellen im Grunde als eine Art Transportkosten behandelt. Nun ist es aber keineswegs zwingend, daß beim Tausch von Gütern gegen Geld geringere Transportaktivitäten notwendig sind als beim Tausch von Gütern gegen Güter oder insbesondere gegen Wertpapiere. In die Annahmen gehen implizit gewisse Vorstellungen über Friktionen ein, die nicht explizit modelliert werden. Der Informationsgehalt dieser Modelle ist daher nicht besonders hoch.[10]
Aus eben diesem Grund sind beispielsweise die Ergebnisse von Jess Benhabib und Clive Bull (1983) über die Gültigkeit der Friedmanschen Theorie der optimalen Geldmenge bei Transaktionskosten nur von sehr beschränktem Aussagewert. Sie gehen von einer Transaktionstechnologie aus, die eine Sättigung der Nachfrage nach Realgeld unterstellt ($T_m=0$ für $m>m$). In ihrem Modell kann eine effiziente Allokation mit Hilfe von Kopfsteuern realisiert werden, die eine Deflation in Höhe der

Zeitpräferenz herbeiführen. Liegt aber, wie die Autoren argumentieren, der Vorteil von Geld in größerer Effizienz im Vergleich zu einer zentralen Koordination, dann bleibt unerfindlich, wieso das Erheben von Kopfsteuern kostenlos sein sollte.
Daß Geld im Gegensatz zu anderen Wertpapieren als Tauschmittel fungiert, wird im Transaktionskostenansatz a priori durch entsprechende Annahmen sichergestellt, also durch die Konstruktion des Modells erzwungen: Die Wahl des Tauschmediums ist nicht endogen (am deutlichsten wird dies am Clower-Constraint). Damit ergibt sich wenig zusätzliche Information gegenüber Modellen, in denen Geld als alleiniges Wertpapier betrachtet wird.

Akzeptiert man dagegen den in dieser Arbeit vertretenen Transaktionskostenansatz, läßt sich der Vorteil von Geld als Tauschmedium überzeugend begründen: Geld wird auf (fast) allen Teilmärkten als Gut gehandelt und kann somit einen Budgetausgleich herbeiführen, weil für Geld als einem anonymen, allgemein akzeptierten Zahlungsmittel keine Kosten der Bonitätsprüfung anfallen. Übersteigen die relativen Kosten der Geldhaltung (etwa aufgrund einer inflationären Politik) diese Informationskosten, wird Geld von Wertpapieren verdrängt.
Die Qualität, die dem Papier Geld die Eigenschaft verleiht, Tausch zu erleichtern, ist nach den Überlegungen von Abschnitt 2.3.3. eindeutig: Ohne Geld könnten viele Kontrakte wegen zu hoher Informationskosten nicht zustande kommen. Damit ermöglicht erst Geld die Wahrnehmung von Vorteilen aus Spezialisierung.

Die Transaktionskostenmodelle verzichten darauf, solche Überlegungen ausdrücklich zu formalisieren. Man kann dies damit rechtfertigen, daß im Interesse einer handhabbaren Analyse gewisser Fragestellungen ein einfaches Instrumentarium angemessen sei. Das wohl einfachste Vorgehen besteht in der Verwendung des Clower-Constraints:[11)] Hier wird vom Extremfall ausgegangen, daß man Güter nur gegen Geld tauschen kann, die Transaktionskosten für andere Tauschmittel also unendlich hoch sind.
Dies bedeutet, daß der Wert der individuellen Nettonachfrage (also aller Güter, für die gilt $z_{gt}>0$) die gehaltene Geldmenge nicht übersteigen darf. Käufe in einer Periode können nicht durch den Verkauf anderer Güter ($z_{gt}<0$) in der gleichen Periode finanziert werden. Diese Liquiditätsbeschränkung wird ausdrücklich mit der Absicht auferlegt, "(to) give money a role that cannot be performed by other assets" (so Hahn, 1982, S.19).

Einem derartigen Vorgehen kann jedoch kaum höhere analytische Aussagekraft zugemessen werden als Modellen, in denen die Realgeldmenge als Argument in die Nutzenfunktion eingeführt wird. Die ökonomische Umgebung, die eine derartige Liquiditätsrestriktion erforderlich machen könnte, wird jedenfalls nicht definiert. Somit sind de facto die individuellen Handlungsmöglichkeiten willkürlich eingeschränkt - im Widerspruch zur allgemeinen Vorstellung, Geld führe zu einer Wohlfahrtssteigerung.

Vom Gesichtspunkt einer rigorosen mikroökonomischen Fundierung aus sind Transaktionskostenmodelle wohl eindeutig dem in Abschnitt 2.3.3. skizzierten Informationskostenansatz unterlegen. Die Wahl zwischen beiden Ansätzen reduziert sich daher auf die Frage: Sind wirtschaftspolitische Empfehlungen, die aus einfachen ad-hoc-Modellen abgeleitet werden können, von größerem Wert als - möglicherweise weniger eindeutige - Aussagen, die sich dafür aber aus präzise formulierten Modellen ergeben? Immerhin scheint mir bei der Frage der Theorie der optimalen Geldmenge das in Kapitel 2.2. abgeleitete Ergebnis intuitiv überzeugender als Resultate, die aus dem Transaktionskostenansatz eine Bestätigung der Friedmanschen Hypothese ableiten.

Daß die referierten Modelle nur wenig Einsichten zur mikroökonomischen Fundierung von Geld vermitteln, liegt gewiß zu einem großen Teil daran, daß sie den wesentlicheren Aspekt von Transaktionskosten, nämlich die Kosten der Etablierung von Märkten und insbesondere der Suche nach Gleichgewichtspreisen, nicht behandeln.
Um diesen Aspekt richtig zu erfassen, wäre die Modellierung von Ungleichgewichtssituationen, damit der Verzicht auf die einfachen Techniken der Gleichgewichtsanalyse erforderlich. Die Behandlung dieser Frage kann sicher zum tieferen Verständnis des Phänomens Geld beitragen, vielleicht eine präzisere Abgrenzung des Papiers Geld gegenüber anderen Wertpapieren ermöglichen und damit zusätzliche Argumente für die besondere Eigenschaft von Geld (Liquidität) liefern.

Doch dürfte klar sein, daß auch in Ungleichgewichtsmodellen weiterhin ein Kernproblem der Geldanalyse darin besteht, zu begründen, wodurch das Abschließen bindender Kontrakte verhindert wird. So setzt etwa auch Peter Diamond (1984) in einem interessanten Suchmodell mit Geld eine finanzielle Beschränkung im Clowerschen Sinn (cash-in- advance constraint) voraus.

3. Banken als Finanzintermediäre bei asymmetrischer Information

> It takes a heap of Harberger triangles to fill an Okun gap.
> Tobin, zitiert nach Summers (1983)

In Teil 2 wurde Geld als eine soziale Institution betrachtet, die dazu beitragen kann, reale Friktionen aufgrund asymmetrischer Information zu überwinden, weil sie eine neue Wertanlagemöglichkeit eröffnet. Ziel war dabei, die Ausgabe von Papiergeld zu modellieren, das - ausgegeben von einer staatlichen Institution - nicht durch irgendwelche Verbindlichkeiten abgedeckt ist (outside money). Geld wird entsprechend der Argumentation von Abschnitt 2.3.3. deswegen staatlich bereitgestellt, weil ein anonymes Wertpapier als Zahlungsmittel ein natürliches Monopol zur Minimierung von Informationskosten darstellt.

Im scharfen Gegensatz zu dieser Sicht wurde in jüngster Zeit von einer Reihe von Ökonomen - etwa von Fischer Black (1971), Benjamin Klein (1974), Friedrich Hayek (1977), Eugene Fama (1980, 1983), Wolfram Engels (1981), Robert Hall (1982a) und Robert King (1983) - die Abschaffung des staatlichen Geldmonopols und die Einführung alternativer monetärer Systeme (oder besser: Finanzsysteme) gefordert. Einen Überblick über diese neuere geldtheoretische Richtung bieten Robert Hall (1982b), Robert Greenfield und Leland Yeager (1983) sowie Stanley Fischer (1983).
Die Vorschläge basieren auf einem Mißtrauen gegenüber staatlichen Institutionen: Für diese bestehe kein Anreiz, ein vertrauenswürdiges Geldsystem aufrechtzuerhalten. Die Beobachtung steigender Inflationsraten während der siebzieger Jahre gab dazu Anlaß, staatlicher Geldpolitik völliges Versagen vorzuhalten - vergleiche Hayek (1977) und John Bilson (1981). Als Alternative wurden eine Vielzahl von Ansätzen zur Neugestaltung monetärer Institutionen entworfen.
Gemeinsam ist diesen Arbeiten die Überzeugung, daß unregulierter Wettbewerb im Finanzsektor der bestehenden institutionellen Struktur überlegen ist. So formuliert etwa Robert Hall (1982b):

"Standard microeconomic principles dictate the deregulation of transactions and intermediation for exactly the same reasons they call for free-market policies in other markets like air travel."

Die Forderung nach Deregulierung wird schließlich gestützt durch die Beobachtung, daß der Anteil von staatlich bereitgestelltem Papiergeld am Zahlungsverkehr stetig abnimmt, wohl nicht zuletzt aufgrund enormer Fortschritte im Bereich der Kommunikationstechnologien.

Obwohl die verschiedenen Autoren größtenteils recht einfache Ansätze entwickeln, bereitet ihre Lektüre vielfach enorme Schwierigkeiten. Das liegt daran, daß fast durchgehend - mit der bemerkenswerten Ausnahme von Robert King (1983) - nur implizite Annahmen über die Funktionsweise des intermediären Sektors zu finden sind.
Die ökonomische Umgebung, die zum Entstehen von Finanzintermediären führen könnte, wird nicht modelliert, obwohl erst dies den theoretischen Vergleich verschiedener institutioneller Regelungen ermöglichen würde. In diesem Zusammenhang erweist sich das Fehlen allgemeiner Modelle, in denen sich das Auftreten von Finanzintermediären endogen ableiten läßt, als großer Nachteil. So kann es nicht überraschen, daß die Arbeiten zu recht unterschiedlichen und widersprüchlichen Aussagen gelangen, je nach den ad hoc zugrundegelegten Annahmen.

Ein allgemeines Modell mit den hier geforderten Eigenschaften kann leider auch an dieser Stelle nicht präsentiert werden. Die Schwierigkeiten, die sich bei derartigen Versuchen ergeben, illustriert beispielsweise die Arbeit von Townsend (1983). Er diskutiert ansatzweise das Modellieren von Finanzintermediären in einem räumlichen Rahmen.

Im folgenden soll es darum gehen, die zentrale Idee der angesprochenen Arbeiten unter dem Aspekt zu diskutieren, daß Informationsprobleme zum Verständnis der Funktionsweise von Finanzintermediären von grundlegender Bedeutung sind. Zur Illustration von Teilaspekten wird dabei auf verschiedene Modelle asymmetrischer Information zurückgegriffen. Es wird sich zeigen, daß Standardaussagen, abgeleitet aus Überlegungen, die das Informationsproblem nicht beachten, erheblich modifiziert werden müssen. Die zitierte These von Hall muß daher zumindest als voreilig gewertet werden.

3.1. Ein unreguliertes Bankensystem bei perfektem Kapitalmarkt

Die Forderung nach unreguliertem Wettbewerb im Bankensektor wird, obwohl sie keineswegs auf neuen theoretischen Erkenntnissen beruht, in jüngster Zeit in zahlreichen Arbeiten mit besonderem Nachdruck vertreten. Dabei variieren je nach dem zugrundegelegten Modell die Vorschläge zur konkreten institutionellen Gestaltung, doch läßt sich die grundsätzliche Überlegung am besten anhand der radikalsten Position illustrieren. Sie wird etwa von Black (1971), Klein (1974), Hayek (1977), Engels (1981) und Greenfield/Yeager (1983) (sowie mit starken Modifikationen auch von Eugene Fama (1980, 1983)) vertreten.

Diese Autoren plädieren (abgesehen von Fama) für die völlige Abschaffung von staatlichem Geld und für den Verzicht auf nahezu jegliche staatliche Regulierung im Bereich des Finanzsektors. Als einzige Aufgabe weisen sie dem Staat die Definition einer Recheneinheit als Numeraire zu. In einer Welt ohne Geld ist - analog zur Arrow-Debreu-Welt - das absolute Preisniveau nicht determiniert. Durch Normierung kann etwa der Preis für ein Gut oder die Summe der Preise aller Güter gleich Eins gesetzt werden, weil nur die relativen Preise bestimmt sind.
Obwohl nicht begründet wird, wieso das Rechnen in relativen Preisen Schwierigkeiten bereiten sollte, gehen die Reformer davon aus, daß sich positive externe Effekte (im Sinn vereinfachter Rechenarbeit) ergeben, wenn alle Wirtschaftssubjekte ein einheitliches Numeraire verwenden. Deshalb soll der Staat als natürlicher Monopolist allgemein verbindlich eine Recheneinheit als öffentliches Gut normieren - etwa indem einem eindeutig definierten gewichteten Konsumgüterbündel der Wert 1 zugeschrieben wird.[1)]
Abgesehen von der staatlichen Definition einer reinen Recheneinheit (diese steht freilich in keinerlei Zusammenhang mit irgendwelchen Tauschmedien) funktioniert die Wirtschaft nach dem puren Laissez-Faire-Prinzip. Im Unterschied zur Arrow-Debreu-Welt existieren jedoch Finanzintermediäre. Diese treten - etwa anstelle des Walrasianischen Auktionators - als effiziente Mittler zwischen Wirtschaftssubjekten auf.
Nach Eugene Fama erfüllen sie dabei folgende zwei Funktionen: Sie betreiben einmal Portfolio-Management und führen zum anderen die Aufzeichnungen über Vermögenstransfers (durch Kontenführung oder besser mit Hilfe elektronischer Speicherung von getätigten Transaktionen).

Beide Aufgaben sind voneinander völlig unabhängig. Die entsprechenden Tätigkeiten werden auf einem kompetitiven Markt auch unabhängig voneinander berechnet: Die Portfolioabteilung zahlt den Gläubigern Marktzinsen auf die von diesen gehaltenen Wertpapiere entprechend deren Erträgen; für die Kontrolle der Transaktionen werden getrennt Kosten berechnet.
Jeder Gläubiger hält bei einem Finanzintermediär (wobei zwischen Banken, Kapitalfonds und Versicherungen im Wettbewerbsgleichgewicht kein Unterschied mehr besteht) einen Anspruch auf eine gewisse, von ihm gewählte Portfoliostruktur (als Anspruch auf von dem Finanzintermediär an Schuldner vergebene Kredite). Er erhält die entsprechenden Erträge aus diesem Portfolio, vermindert um kompetitive Gebühren für das Portfolio-Management.
Dieses Bankensystem unterscheidet sich also nicht von einem perfekten Kapitalmarkt: Um für Kapitalgeber attraktiv zu sein, müssen die Banken ein entsprechendes Portfolio anbieten. Freier Wettbewerb führt dazu, daß Portfolios mit gleichem Risiko gleiche Ertragsraten haben.
Für die einzelnen Banken (oder Kapitalfonds) gilt das Modigliani-Miller-Theorem. Keine Bank ist in der Lage, die für Investoren verfügbaren Portfolio-Möglichkeiten zu beeinflussen:

"Since banks just respond to the tastes and opportunities of demanders and suppliers of portfolio assets, banks are simple intermediaries, and the role of a competitive banking sector in general equilibrium is passive."(Fama, 1980, S. 46)

Wenn schlechtes Management zu einer Flucht der Anleger aus dem Portfolio einer bestimmten Bank führt, bedeutet dies eine Abwertung des entsprechenden Portfolios relativ zu dem anderer, effizienterer Banken (und damit einem Kapitalverlust für Anleger, die ja als Eigenkapitalgeber der Bank fungieren). Da sich also aufgrund des Eigenkapitalcharakters der Wert der Ansprüche jeweils an Angebot und Nachfrage anpaßt, gibt es keine Bankenzusammenbrüche, die in einer Panikreaktion eine Kette von weiteren Zusammenbrüchen nach sich ziehen könnten.

Vermögensübertragungen erfolgen in einer Welt ohne Geld nicht mit Hilfe eines physischen Tauschmediums, sondern über das Kontensystem der Banken. Ein Konto bei einer Bank ist ja ein Anteil an einem bestimmten Kapitalfond mit einer bestimmten Portfoliostruktur.
Will nun ein Anteilseigner der Bank A einem Anteilseigner der Bank B Vermögen im Wert von einer Recheneinheit übertragen, bedeutet diese

Transaktion den Verkauf von Portfolioanteilen der Bank A im Wert von einer Recheneinheit zum Tageskurs auf einem perfekten Kapitalmarkt, während die Bank B dafür den äquivalenten Wert der gewünschten Portfoliostruktur des Empfängers erwirbt. Die entsprechenden Kosten für die Ausführung der Transaktionen werden wieder durch Wettbewerb minimiert.
Sollte aus nicht näher spezifizierten Gründen für kleine Transaktionen ein Vermögenstransfer mit Hilfe eines physischen Tauschmediums kostengünstiger erfolgen, so werden die Banken entsprechende Anteilsscheine ausgeben und zirkulieren lassen. Da der Wert der Anteilsscheine variiert (und etwa jeweils in der Tagespresse notiert wird - so Greenfield/Yeager (1983)), erzwingt ein vollkommener Markt gleiche effektive Ertragsraten für die Zahlungsscheine verschiedener Banken. Das Greshamsche Gesetz (Verdrängung von gutem durch schlechtes Geld) gilt also nicht, weil die Tauschrelationen der verschiedenen Geldarten nicht fixiert sind.

In dieser wunderbaren geldlosen Welt mit vollständigen Märkten existieren all die geldpolitischen Probleme, die Ökonomen lange Zeit beschäftigt haben, nun nicht mehr. Weil Geld nicht mehr existiert, bedarf es keiner Entscheidungen zur Festsetzung von Geldmengenzielen. Ebensowenig bedarf es Regulierungen in Form von Mindestreservesätzen oder Diskontpolitik.
Derartige Regulierungen würden nur Ineffizienzen verursachen: Staatliches Geld würde nur gehalten, wenn die Ausgabe von privatem (zinstragendem) verboten ist.[2)] Der Zwang zum Halten von zinslosen Mindestreserveeinlagen wirkt als verzerrende Besteuerung gewisser Einlagen, die Ausweicheffekte nach sich zieht; damit erst ergibt sich eine Differenzierung von Banken gegenüber anderen Finanzintermediären wie etwa Kapitalfonds - so Fama (1980, 1983). Schließlich wird der Staat in einer solchen Welt zu finanzieller Disziplin gezwungen, weil er über keine Möglichkeit mehr verfügt, durch eine inflationäre Politik Seignoragegewinne kassieren zu können.

Nimmt man diese Argumentation ernst, bedeutet die Tatsache der Regulierung des Bankensystems und staatlicher Geldproduktion ein bemerkenswertes Versagen der "unsichtbaren Hand": Die Wirtschaftssubjekte sind nicht in der Lage, die Vorteile der besten aller möglichen Welten zu genießen, weil sie (aus wenig begreiflichen Gründen) einer regulierenden Institution unterworfen sind, die die Disziplin des Wettbewerbs außer Kraft setzt.

Von dieser extremen Position, wie sie etwa in Hayek oder Greenfield/-Yeager zu finden ist, weicht Eugene Fama erheblich ab. Gemäß Fama (1983) führen Kapitalansprüche mit variablem Kapitalwert bei der Verwendung als physisches Tauschmedium zu erheblichen Rechenproblemen, die spezielle Transaktionskosten begründen: Beim Tausch eines Gutes gegen eine Währung ist nicht nur die Kenntnis des Güterpreises in Einheiten des Numeraires nötig, sondern die Kenntnis des Tageswertes aller potentiellen Tauschmedien in Einheiten des Numeraires.

Ein zinsloses Wertpapier mit festem Nominalwert weist somit als Tauschmedium trotz der entgehenden Zinserträge Kostenvorteile gegenüber Anteilsscheinen von Kapitalfonds auf. Das zinslose Tauschmedium ist nun nach Famas Ansicht ein natürliches Monopol, das vom Staat betrieben werden sollte, weil die resultierende Seignorage andere, verzerrende Steuern ersetzen kann.
Dieser Argumentation zufolge besteht eine eigenständige, unabhängige Nachfrage nach dem Tauschmedium; Anteilsscheine an Kapitalfonds sind kein perfektes Substitut. Durch die Festlegung der Geldmenge ist über die Geldnachfrage das Preisniveau automatisch determiniert. Der Staat kann damit durch die Kontrolle der Geldmenge das Preisniveau lenken.

Während Fama also für den Tauschmarkt Rechenschwierigkeiten anerkennt, geht auch er davon aus, daß es einen perfekten Kapitalmarkt mit vollkommener Information gibt. Bei der Analyse von Finanzintermediären einen perfekten Kapitalmarkt zu unterstellen, kann jedoch theoretisch nicht überzeugen.[3] Auch sind die Aussagen der skizzierten Geldtheorien mit einer Reihe von Beobachtungen nur schwer vereinbar:

- Während gemäß der Kapitalfondstheorie Einlagen bei Banken in Form von Eigenkapitalanteilen gehalten werden und damit dem Risiko von Kapitalgewinnen und Kapitalverlusten - je nach Erfolg des Bankportfolios -unterworfen sind, weisen Banken in der Regel eine hohe Fremdkapitalfinanzierung auf: Die Einlagen sind fixe Ansprüche, die nicht am Gewinn und Verlust beteiligt sind und im Fall eines Bankrotts einen primären Anspruch besitzen.
  Wie später gezeigt wird, kann diese spezifische Kapitalstruktur aus Informationsasymmetrien erklärt werden, die gerade dazu führen, daß Banken als Mittler zwischen Gläubiger und Schuldner eine aktive

Rolle spielen: Die Banken sind Agenten der Kreditgeber; diese haben keine vollständige Information über die Qualität des Portfoliomanagements. Aus der sich daraus ergebenden Anreizproblematik resultiert eine bestimmte Finanzstruktur.
In dieser Situation ist das Modigliani-Miller Theorem nicht mehr anwendbar. Pointiert formuliert läßt sich diese Überlegung so zusammenfassen: Das Modigliani-Miller Theorem gilt genau in einer Welt, in der Finanzintermediäre über flüssig sind (die Finanzierungsstruktur irrelevant ist). Das Theorem auf Finanzintermediäre selbst anzuwenden, verfehlt somit wesentliche Charakteristika dieses Marktes.

- Falls tatsächlich alle Differenzierungen zwischen verschiedenen Formen von Finanzintermediären ausschließlich auf staatliche Regulierung zurückzuführen wäre, bleibt offen, weshalb nicht Finanzintermediäre, die im Vergleich zu Banken weniger stark reguliert sind (etwa Kapitalfonds), die beschriebenen Funktionen (Portfolio-Management und Zahlungsverkehr) übernehmen.
  Wieso beobachtet man nicht eine Verlagerung der Transaktionsaktivitäten auf solche Fonds? Oder sind vielmehr spezifische Eigenschaften, die einen Markt für Finanzintermediäre erst nötig machen, dafür verantwortlich, daß sich Spezialisierung von Funktionen ergeben?

Das skizzierte Modell einer geldlosen Wirtschaft geht von einer friktionslosen, neoklassischen Welt aus, die das Auftreten von Finanzintermediären nicht plausibel modellieren kann. Ihm liegt die Vorstellung einer Walrasianischen Ökonomie zugrunde, in der für Finanzintermediäre kein Platz ist. In diesem Kapitel sollen nun einige Argumente zeigen, daß das Modell eines perfekten Kapitalmarktes zur Analyse von Banken ebenso ungeeignet ist wie das Arrow-Debreu-Modell zur Analyse des Phänomens Geld.

Dagegen läßt sich die Existenz von Banken nach den Überlegungen von Abschnitt 2.3.3. aus Informationsproblemen ableiten. Diese machen die Einhaltung von Budgetrestriktionen auf Teilmärkten erforderlich, um einen bindenden Anreiz zum Einhalten von intertemporalen Kontrakten zu gewährleisten. Ein anonymes Tauschmittel kann als effizientes Instrument zum Budgetausgleich dienen, weil es trotz der Kosten in Form entgangener Zinsen keine Kosten der Überprüfung der Bonität des

Tauschpartners erfordert.

Für andere Transaktionen dagegen kann es beispielsweise vorteilhaft sein, Kreditkarten zu akzeptieren und dazu die Überpüfung der Glaubwürdigkeit des entsprechenden Kreditinstituts (nicht des unmittelbaren Tauschpartners) vorzunehmen. Zur Gewährung von Krediten schließlich sind hohe Kosten der Überprüfung der Bonität des Schuldners erforderlich, die eine Spezialisierung dieser Tätigkeit durch Banken fördern.
So ergibt sich je nach Kostenvorteilen bei verschiedenen Formen von Transaktionen eine Nachfrage nach differenzierten Medien zum Budgetausgleich. Innovationen im Bereich der Informationstechnologien können eine veränderte Struktur im Finanzsektor zur Folge haben. Fortschritte im Bereich der Informationstechnologie etwa reduzieren Informationskosten; damit sinken die Vorteile von Geld als Medium zum Budgetausgleich auf Teilmärkten.

Ein überzeugendes formales Modell, das diese Überlegungen präzisiert und die beobachtete Struktur des Finanzsektors abbildet, existiert bisher nicht. Im folgenden sollen verschiedene Ansätze diskutiert werden, die zeigen, daß asymmetrische Information einen entscheidenden Beitrag zum Verständnis von Finanzintermediären leisten kann, und daß sich ganz andere Lösungen ergeben als die Theorie eines vollkommenen Kapitalmarktes unterstellt.

3.2. Kreditmarkt und asymmetrische Information

Unvollkommene Information auf dem Kapitalmarkt gibt Finanzintermediären die Chance, als Mittler zwischen Kapitalanbietern und -nachfragern aufzutreten: Sie spezialisieren sich darauf, Informationen über die Bonität potentieller Kreditnehmer zu sammeln, die Qualität von verschiedenen Projekten zu bewerten und das Verhalten von Schuldnern zu überwachen. Durch die Spezialisierung in derartige Informationsverarbeitung können sich etwa Banken Vorteile bei der Tätigkeit der Kreditvergabe verschaffen, die ihre Vermittlung sowohl für Kapitalgeber wie Kapitalnachfrager rentabel machen.

Die Gewährung von Krediten ist bei asymmetrischer Information wiederum der Bedingung der Anreizverträglichkeit unterworfen: Die Verträge müssen so gestaltet sein, daß der Kreditnehmer sich durch falsche Angaben an die Bank nicht besser stellen kann. Diese Bedingung führt zu Kreditverträgen, die ganz anders gestaltet sind als die üblicherweise in Modellen vollkommener Information unterstellten, so daß sich ganz andere als die traditionellen Gleichgewichtslösungen ergeben:
Die Nichtbeobachtbarkeit des Ergebnisses eines finanzierten Projektes macht Verträge mit fixer Rückzahlungsverpflichtung und Bankrottwahrscheinlichkeit optimal; die Höhe des gebotenen Zinses kann ebenso wie der Anteil von Eigenkapitalfinanzierung als Signal zur Identifizierung von Projektrisiken dienen; sofern die Aktionen des Schuldners nicht beobachtet werden können, ergeben sich moral-hazard-Probleme; die Gewährung neuer Kredite kann von der erfolgreichen Ausführung früherer Projekte abhängig gemacht werden.[1)]

In diesem Abschnitt sollen Gestalt und Konsequenzen einiger anreizverträglicher Kreditkontrakte zwischen Bank und Schuldner skizziert werden. Ziel ist dabei, zu illustrieren, wie der Ansatz asymmetrischer Information zum Verständnis verschiedener Phänomene beitragen kann, die in der traditionellen Theorie nur unvollkommen berücksichtigt werden.
Durch eine Uminterpretation[2)] des Grundmodells von Abschnitt 3.1.2. läßt sich zeigen, daß für Banken und Kapitalnachfrager die Vereinbarung von Schuldscheinkontrakten mit fester Verzinsung und Bankrottwahrscheinlichkeit eine optimale Vertragsgestaltung gewährleistet.
Ein risikoaverser Unternehmer (ohne Eigenkapital) habe die Möglich-

keit, mit seinem spezifischen Wissen durch Investition eines festen Betrages (er sei auf 1 normiert) ein Projekt durchzuführen, das als Zufallsvariable einen Erlös R erbringt. Zur Finanzierung wendet er sich an eine kompetitive risikoneutrale Bank, für die als Null-Gewinnbedingung gilt, daß ihr erwarteter Erlös aus der Finanzierung des Projektes der Alternativverzinsung einer sicheren Anlage (1+r) entspricht: $E(g(R))=1+r$, wobei g(R) die Rückzahlung des Unternehmers an die Bank bei der Realisation R bedeutet.
Bei vollständiger Information könnte der Unternehmer einen Finanzierungsvertrag abschließen, der ihm eine sichere Zahlung $E(R)-E(g(R)) = E(R)-(1+r)$ garantiert. Wenn der Erfolg des Projektes allerdings nur von ihm selber beobachtet werden kann, wäre die Bank bei kontingenten Rückzahlungen auf die Information des Unternehmers über seinen tatsächlich realisierten Erlös R angewiesen.
Für den Unternehmer aber wäre es dann immer rational, eine möglichst niedrige Realisation anzugeben, um die Rückzahlung zu minimieren. Ein anreizverträglicher Kontrakt legt daher eine feste Rückzahlung unabhängig von der Realisation R fest, die natürlich nicht höher sein kann als der kleinste realisierbare Ertrag. Wenn $R_{min}=1$, kann damit das Projekt überhaupt nicht durchgeführt werden, egal wie hoch sein Erwartungswert ist, weil immer gilt $1<1+r$.

Dieses unerfreuliche Ergebnis kann durch die Institution des Bankrotts vermieden werden. Denn wenn die Möglichkeit, einen Bankrott anzumelden, zugelassen wird, kann die fixe Zahlungsverpflichtung an die Bank das Minimum des realisierbaren Ertrags übersteigen. Ist der tatsächliche Ertrag dann kleiner als die vereinbarte Zahlung, muß der Unternehmer seinen Bankrott erklären. In diesem Fall müssen Kosten in Höhe von k (etwa zur Verifikation der Konkurserklärung des Unternehmers) aufgewendet werden; die Bank erhält dann als Rückzahlung statt des vereinbarten fixen Betrages nur mehr den Restbetrag R-k.
Die formale Struktur des Problems ist identisch mit der in Modell 3.1.2. beschriebenen; demnach besteht der optimale anreizverträgliche Kontrakt in der Tat aus einem Kontrakt mit fixer Rückzahlung (Schuldverschreibung) (also mit fixem Zins) und Bankrottwahrscheinlichkeit.[3)]

Solche Schuldscheinverpflichtungen sind damit endogen als bei gegebener Informationsstruktur freiwillig gewählter, optimaler Kontrakt abgeleitet. Das Modell ist freilich nur ein erster Schritt auf dem Weg zur endogenen Modellierung der Finanzierungsstruktur von Unternehmen. Es kann zwar Fremdkapitalfinanzierung erfassen, jedoch nicht erklären, weshalb von unternehmensexternen Kapitalgebern (Outsidern) Aktienanteile erworben werden.[4] Solche Aktionäre sind ja weiterhin darauf angewiesen, die Gewinnhöhe in allen Zuständen zu verifizieren.

Aus der Form des optimalen Kreditvertrages ergeben sich interessante Konsequenzen für das Kapitalmarktgleichgewicht, wenn die Banken zusätzlich vor der Schwierigkeit stehen, daß sie die Projektqualität von unterschiedlichen Kreditnachfragern nicht identifizieren können.[5]

Angenommen, es gibt mehrere Klassen von innovativen Unternehmern mit jeweils einem (unteilbaren) Projekt, deren Erträge zwar den gleichen Erwartungswert haben, aber eine unterschiedliche Risikoverteilung aufweisen. Ist die Bank nicht in der Lage, die verschiedenen Klassen zu differenzieren, muß sie allen tatsächlichen Kreditnehmern die gleichen Konditionen (einen einheitlichen Zinssatz und eine einheitliche Verifikationsgrenze) einräumen.
Wenn die Bankrottwahrscheinlichkeit der einzelnen Klassen sich nun stark unterscheidet, weisen Risiken mit niedriger Bankrottwahrscheinlichkeit einen höheren Erwartungswert dafür auf, daß die fixe Zahlung an die Bank geleistet wird, als der Durchschnitt (sie sind also "gute" Risiken im Sinn der Bank), während die Risiken mit hoher Bankrottwahrscheinlichkeit für die Investoren einen höheren erwarteten Nettoertrag abwerfen (die Investoren sind ja nur an den Zuständen interessiert, in denen Bankrott nicht eintritt).

Diese unterschiedlichen Interessen haben, wie Joseph Stiglitz und Andrew Weiss (1981) zeigen, folgende Konsequenz: besteht zu einem bestimmten Zinssatz eine Überschußnachfrage nach Kapital, dann könnte diese Überschußnachfrage zwar durch einen höheren Zinssatz abgebaut werden, weil für einen Teil der Kreditnachfrager die erwarteten Erträge nicht mehr ausreichen, um ihr Projekt auszuführen. Die Bank steht jedoch vor dem Dilemma, daß eine Zinssteigerung gerade diejenigen Risiken abschreckt, die eine niedrige Bankrottwahrscheinlichkeit aufweisen, während die schlechten Risiken trotz höherem Zinssatz einen ausreichenden Nettoertrag erwirtschaften können.
Der Zinssatz wirkt somit als negatives Selektionsinstrument: Die schlechten Risiken verdrängen die guten (adverse selection). Dies kann dazu führen, daß mit steigendem Zins der erwartete Ertrag der Bank

abnimmt. In einer solchen Situation erhält ein Teil der Projekte keinen Kredit. Da mit steigendem Zinssatz das Kreditangebot zurückgeht, wäre somit im Marktgleichgewicht die Kreditnachfrage rationiert. Denn es kann keine Markträumung durch Zinsanpassung erfolgen, weil der Zins die Qualität der Kredite beeinflußt.

Auch durch die Forderung nach Selbstbeteiligung (einer höheren Eigenkapitalquote der Unternehmen) kann die Bank den adverse-selection-Effekt nicht unbedingt ausschalten. So würden etwa innovative Unternehmer mit geringen Selbstfinanzierungsmöglichkeiten damit automatisch ausgeschlossen. Wie Stiglitz/Weiss (1981) zeigen, kann die Verpflichtung zu einer höheren Eigenkapitalquote zudem unter verschiedenen Bedingungen ebenfalls einen adverse-selection-Effekt haben.
Ein einfaches Beispiel: Falls allen Kreditnehmern die gleiche Menge Eigenkapital zur Verfügung steht und kleinere Projekte ein größeres Risiko aufweisen, würde eine Bedingung, Kredite nur bei hoher Eigenkapitalquote zu vergeben, zu einer zunehmenden Finanzierung von riskanten Projekten führen.

Wie Helmut Bester (1984) zeigt, ist diese Argumentation jedoch unvollständig und bei genauerer Überlegung nicht haltbar: Denn eine Bank, die gleichzeitig Zinsrate und Selbstbeteiligung variiert, kann immer - gegeben ein Rationierungsgleichgewicht - einen gewinnbringenden Kontrakt anbieten, der nur für gute Risiken attraktiv ist. Dies deshalb, weil Unternehmen mit niedriger Bankrottwahrscheinlichkeit eine höhere Bereitschaft aufweisen, als Preis für einen niedrigeren Zins mehr Selbstbeteiligung zu akzeptieren.
Bester leitet ab, daß ein (markträumendes) Gleichgewicht darin besteht, daß je Risikoklasse unterschiedliche (anreizverträgliche) Kontrakte (als Kombination von Zins und Selbstbeteiligung) angeboten werden, die als Self-Selection-Mechanismen wirken.

In einer neueren Arbeit zeigen Stiglitz und Weiss (1983) schließlich, daß bei einer Mehrperioden-Betrachung die Kreditrationierung explizit als Anreizmechanismus eingesetzt werden kann, falls das Verhalten der Kreditnehmer die Erfolgswahrscheinlichkeit der Projekte beeinflußt (moral hazard). Die Drohung, beim Fehlschlagen eines Projektes in Zukunft von weiteren Kreditmöglichkeiten ausgeschlossen zu werden, veranlaßt die Schuldner, weniger riskante Projekte zu verwirklichen.

Im Modell von Stiglitz und Weiss liegt es im Interesse der Banken (und ist damit eine glaubwürdige Drohung), einem Unternehmer bei einem Fehlschlag tatsächlich weitere Kredite für neue Projekte zu verweigern, obwohl sie (aufgrund gößerer Erfahrung) insgesamt eine größere Erfolgswahrscheinlichkeit aufweisen würden. Auch andere Banken werden einem einmal glücklosen Innovator nie mehr einen Kredit geben, wenn sich die erste Bank einen Senioritätsanspuch auf zukünftige Erträge sichert. Zudem kann Kreditverweigerung durch eine Bank als ein Signal für ein schlechtes Risiko interpretiert werden.

Die Ergebnisse machen deutlich, daß die traditionellen Aussagen über die Bedingungen für ein Marktgleichgewicht bei asymmetrischer Information erheblich modifiziert werden müssen. Zwar sind die abgeleiteten Aussagen immer modellspezifisch und die Frage, welches Modell adäquat ist, ist jeweils von der konkreten Fragestellung abhängig, doch kann das zunehmende Verständnis der Theorie anreizverträglicher Kontrakte sicher entscheidende Fortschritte gerade bei der Analyse von Kapitalmärkten ermöglichen. So ist eindeutig, daß bei moral-hazard-Problemen reine Eigenkapitalkontrakte (Gewinn- und Verlustbeteiligung) zu einer Verzerrung der Anreizstruktur führen und somit nicht optimal sein können.
Die Theorie asymmetrischer Information kann demnach eine Vielzahl von real beobachtbaren Phänomenen erfassen, ohne behaupten zu müssen, für alles, was einem Gleichgewicht auf perfekten Wettbewerbsmärkten widerspricht, sei staatliche Regulierung verantwortlich (so wird etwa häufig die unterschiedliche Besteuerung von Eigen- und Fremdkapital für die Ungültigkeit des Modigliani-Miller-Theorems verantwortlich gemacht).

Die Analyse der Beziehungen zwischen Banken und Kreditnehmern in diesem Abschnitt ist freilich unvollständig und völlig unzureichend dafür, die Rolle von Finanzintermediären voll verstehen zu können. Denn diese selbst sind (als Agenten der Kreditgeber) natürlich den gleichen Anreizproblemen unterworfen. Welche Konsequenzen sich daraus für die Geldtheorie ergeben, soll im nächsten Abschnitt diskutiert werden.

3.3. Regulierung des Bankensystems bei asymmetrischer Information

3.3.1. Geld als natürliches Monopol

Im folgenden Abschnitt geht es darum, theoretische Argumente für staatliche und für kompetitive Bereitstellung von Banknoten anhand des Informationskostenansatzes vergleichend zu beurteilen.

Transaktionen zwischen Wirtschaftssubjekten sind in der Regel mit einem intertemporalen Vermögenstransfer verbunden (es sei denn, es erfolgt ein direkter Güteraustausch, weil zufällig die Wünsche beider Tauschpartner zusammentreffen). Um bindende Anreize zum Einhalten solcher Transfers zu schaffen, sind verschiedene Mechanismen mit unterschiedlichen Anforderungen an den Informationsaufwand denkbar:

Individuelle Zahlungsversprechen verlangen eine ausreichende Kenntnis der Glaubwürdigkeit des Schuldners (etwa aufgrund langfristiger Bindungen). Transfers mit Hilfe des Kontensystems einer Bank setzen die Kenntnis der Glaubwürdigkeit der Bank voraus und machen jeweils Mitteilungen an die entsprechende buchführende Institution nötig.
Die Verwendung des Tauschmediums Geld schließlich kann die Informationskosten für viele Transaktionen erheblich reduzieren: Das homogene Tauschmedium wird als Form des Vermögenstransfers akzeptiert, weil (fast) keine Kosten der Bonitätsprüfung anfallen (vollständige Liquidität). Dieser Vorzug ergibt sich daraus, daß das Tauschmedium nicht aus einem Zahlungsversprechen privater Wirtschaftssubjekte besteht.

Entsprechend den Überlegungen von Kapitel 2.3. hat das Tauschmedium Geld ähnliche Eigenschaften wie die Sprache: denn der Vorteil von Geld als Zahlungsmittel steigt wie bei jedem Kommunikationssystem mit der Zahl derer, die dieses Medium akzeptieren und verwenden. Es ergeben sich also externe Skalenerträge, die Geld zu einem natürlichen Monopol machen - vergleiche dazu Abschnitt 2.3.3. sowie King (1983) und Bilson (1981).
Die Eigenschaft, nicht auf Personen bezogen zu sein, die erst die Homogenität des Gutes sicherstellt, reduziert die erforderlichen Informationskosten drastisch. Falls konkurrierende Tauschmedien mit

variablem Wert existieren, fallen Kosten der Überprüfung der Qualität der verschiedenen Papiere an, die eine Verschwendung von Ressourcen bedeuten würden. Die Vorteile eines allgemein akzeptierten Tauschmediums würden damit aufgehoben. Zudem steigen die Kosten der Prüfung auf Fälschung mit der Zahl alternativer Tauschmedien - vergleiche folgende Überlegung von Robert King (1983, S. 133):

"It seems that such external economies would most plausibly arise if users of circulating notes faced costs of ascertaining the value of particular notes. For example, an increase in the number of users of a particular note could lower the probability of meeting an individual uninformed about the value of one's note and, hence, the expected costs of trade."

Diese zunehmenden Skalenerträge für die Verwendung eines einheitlichen Tauschmediums ergeben sich unmittelbar aus dem Problem unvollständiger Information. Wäre die Information über die Qualität von Tauschmedien verschiedener Banken kostenlos zu erhalten, würden sich auf einem perfekten Markt die effektiven Ertragsraten der Banknoten angleichen; sie wären zum jeweiligen Tageskurs völlig substituierbar und insofern homogen.
Bestehen dagegen Infomationskosten, werden Qualitätsunterschiede nicht durch eine entsprechende Wertanpassung ausgeglichen. Die Nachfrage nach einem homogenen Papier Geld entsteht gerade um solche Informationskosten zu minimieren.

Unterschiedliche Qualität des Gutes Geld ist im Vergleich zu anderen Gütern deshalb ein besonderes Problem, weil der Wert von Geld - wie im Teil 2 ausführlich gezeigt - sich ableitet aus den Erwartungen darüber, wieviel an Gütern man damit in Zukunft tauschen kann. Das aber ist direkt abhängig vom zukünftigen Verhalten der jeweiligen Geldproduzenten. Es besteht also eine Principal-Agent-Relation zwischen Kunden und Geldproduzenten. Könnte dessen Verhalten voll antizipiert werden (ohne die Gefahr dynamischer Inkonsistenz), ergäben sich daraus keine Schwierigkeiten.

Dies ist jedoch aus verschiedenen Gründen nicht der Fall:
Wie im Abschnitt 1.2.3. abgeleitet, ist ja im Fall unvollständiger Märkte die Zielfunktion eines Produzenten nicht wohldefiniert. Die Produktionsentscheidungen sind von den Präferenzen der Eigentümer abhängig. Für risikofreudigere Banker ist jedoch eine höhere Bankrott-

wahrscheinlichkeit optimal. Da die Nutzenfunktionen der Bankeigentümer nicht allgemein bekannt sind, können Tauschmedien verschiedener Banken je nach Nutzenfunktion der Eigentümer unterschiedliche Qualität aufweisen, die sich nicht im Preis widerspiegelt. (Damit ergeben sich natürlich auch Probleme bei der Definition eines Marktgleichgewichts bei freiem Eintritt: die Nullgewinnbedingung ist nicht mehr definiert).

Da die verschiedenen Tauschmedien nun in unterschiedlichem Maß riskant sind, hat etwa ein Bankzusammenbruch externe Effekte, die keineswegs auf bewußter Täuschung (Betrug) der Kunden beruhen; vielmehr ergeben sie sich, weil über die jeweilige Nutzenfunktion der Banker keine vollständige Information besteht. Bei vollständiger Kenntnis nämlich würde jeder Kunde Tauschmedien entsprechend seinen Präferenzen wählen; Risikofreude von Bankiers müßte durch entsprechend höhere Ertragsraten der Kunden kompensiert werden.

Unterschiedliche Ertragsraten garantieren bei Fehlen eines vollständigen Marktsystems freilich nicht eine völlige Substitutionalität der Tauschmedien. Wenn im Gegensatz zu Famas Welt perfekter Kapitalmärkte nur eine unvollständige Menge von Märkten besteht, lassen sich, wie im Abschnitt 1.2.3. gezeigt, Ansprüche auf Portfolios verschiedener Qualität nicht über eine für alle Wirtschaftssubjekte einheitliche Austauschrelation homogenisieren.

In einer Welt unvollständiger Information läßt sich auch das Greshamsche Gesetz (schlechtes Geld verdrängt gutes) in gewisser Weise als eine frühe Formulierung des Problems negativer Selektion (adverse selection) interpretieren: Falls die Kosten einer unmittelbaren Qualitätsüberprüfung für denjenigen, der das Zahlungsmittel annimmt, zu hoch sind, akzeptiert er neben "gutem" auch "schlechtes" Geld und gibt letzteres an den nächsten weiter, sobald er den Qualitätsunterschied realisiert.

Die angeführte Argumentation ist nicht nur für die Ausgabe von Banknoten, sondern für alle Banktätigkeiten relevant. Da eine Principal-Agent-Relation zwischen Kunden und Bank besteht (die Kunden, die die Dienste der Bank als Intermediär in Anspruch nehmen wollen, sind über die Zielsetzung der Bankeigentümer und die Effektivität des Managements nicht voll informiert), müssen zur Kontrolle der Qualität des

Produktes Kosten aufgewendet werden.

Eine Möglichkeit, die individuellen Informationskosten zu reduzieren, besteht darin, daß die Bank ihre Qualität in der Form einer entsprechenden Reputation signalisiert (erworben durch eine solide Bankführung in der Vergangenheit oder andere vertrauensschaffende Maßnahmen - vgl. Klein (1974)). Das bedeutet freilich, daß sich hier wieder (interne) Skalenerträge ergeben. Denn mit zunehmender Größe steigt der Bekanntheitsgrad; zudem nehmen die Vorteile aus einer hohen Reputation als Fixkosten mit der Zahl der Kunden zu.

Demnach ist aber vollkommener Wettbewerb im Bankensektor unmöglich. Die Reputation schafft Eintrittsbarrieren, die potentiellen Wettbewerb ausschließen (die Bedingung der Verwundbarkeit durch "hit and run entry" ist verletzt). Ein solcher unvollkommener Wettbewerb muß freilich - gegeben die Informationsproblematik - keineswegs sozial ineffizient sein, sondern kann vielmehr eine adäquate Antwort auf die Friktionen durch Informationskosten bedeuten. Dies ist dann der Fall, wenn die Kosten, die der unvollkommene Wettbewerb mit sich bringt, niedriger sind als die privaten Informationskosten, die alle Wirtschaftssubjekte individuell aufwenden müßten, um vollständige Markttransparenz zu gewährleisten.

Die Argumentation betraf bisher das allgemeine Principal-Agent-Problem der Banken als Intermediäre. Ein spezieller Anreiz zum Ausnutzen von Informationsvorteilen besteht bei der Geldproduktion durch den Anreiz zur Überproduktion privater Banknoten. Eine zu starke Emission privater Banknoten kann den kurzfristigen Gewinn maximieren, solange die Manipulation nicht erkannt wird.
Hier ist freilich wiederum, wie Benjamin Klein (1974) gezeigt hat, ein Abwägen kurzfristiger Gewinne gegen den langfristigen Schaden erforderlich, der durch den Vertrauensverlust in Form entgangener zukünftiger Gewinne entsteht. Dies schränkt den Vorteil eines Ausnutzens kurzfristiger Gewinnchancen (one shot gains) drastisch ein. Nach Klein gibt es dabei eine optimale Täuschungsrate: Der marginale Gewinn einer nicht antizipierten Banknotensteigerung ist gleich dem marginalen Verlust durch entgangenes zukünftiges Kundenvertrauen.
Auch dies illustriert eindrucksvoll die Unmöglichkeit freien Wettbewerbs: Wenn freier Markteintritt ein Wettbewerbsgleichgewicht mit Nullgewinn garantieren könnte, wäre es für die einzelne Bank im Wett-

bewerb immer vorteilhaft, den durch Täuschung möglichen kurzfristigen Gewinn zu maximieren - vergleiche Lawrence Summers (1983).

Doch selbst wenn man davon absieht und annimmt, vollkommener Wettbewerb bei Geldproduktion sei möglich, führt freier Eintritt als Gleichgewichtsbedingung zu einer Verschwendung von Ressourcen. Besteht im Gleichgewicht für die einzelnen Banken ein Gewinn von Null, bedeutet dies, daß der Wettbewerb zwischen den Banken die Seignorage (das Drucken von Banknoten ist kostenlos) aufzehrt (etwa weil die Banken Ausgaben zur Aufrechterhaltung ihrer Reputation oder allgemeiner zur Information ihrer Kunden aufwenden müssen).

Sofern für den Staat andrerseits die Garantie von Vertrauen in ein Zahlungsmittel kostenlos produzierbar wäre, wäre dies ein weiteres Argument für ein natürliches Monopol bei der Geldproduktion.
Nun besteht allerdings für den Staat ebenfalls ein Anreiz zur Überproduktion von Banknoten (das Problem der dynamischen Inkonsistenz bei der Geldproduktion - vgl. dazu Calvo (1978)). Gerade diese historische Erfahrung führte ja zum Vorschlag der "Entnationalisierung" des Geldes.
Wenn jedoch die Alternative zur staatlichen Geldproduktion in unvollkommenem Wettbewerb mit der Aufzehrung der Seignorage-Gewinne besteht, trifft Famas (1983) Argument zu, daß staatliche Geldproduktion immerhin den Vorteil hat, alternative verzerrende Steuern ersetzen zu können (sind Kopfsteuern unmöglich, wird die optimale Inflationsrate zudem kaum bei Null liegen).

Wer das Problem dynamischer Inkonsistenz für relevant hält, müßte also überlegen, welche Alternativen zur Aufrechterhaltung des Vertrauens in staatliche Geldproduktion denkbar sind - etwa eine Publikationspflicht über die Geldmengenentwicklung, Autonomie der Geldbehörde oder eine Indexierung der Geldproduktion als bindende Verpflichtung, welche die Möglichkeit zu diskretionären Maßnahmen ausschließt (siehe dazu etwa Bilson (1981) und Hall (1982a).

3.3.2. Bankenzusammenbrüche

Der letzte Abschnitt befaßte sich mit der Frage, ob Informationsprobleme ein staatlich garantiertes natürliches Monopol für das Medium Geld begründen können. Dabei ergaben sich bereits einige Ansätze, die auch zum Verständnis des Phänomens von Bankenzusammenbrüchen beitragen können (nämlich die Principal-Agent-Problematik).
Doch erfolgte die Argumentation bisher rein informell ohne präzise modelltheoretische Fundierung. Sie ist daher sicher nicht ausreichend, um überzeugend begründen zu können, weshalb es individuell rational sein sollte, trotz der Gefahr eines Bankzusammenbruchs Bankeinlagen zu halten; wieso nicht statt fixer Einlagenkontrakte variable Eigenkapitalanteile gehalten werden und wieso ein Bankzusammenbruch zu einer Kette weiterer Bankrotte von eigentlich solide finanzierten Unternehmen führen kann (Depression).

Ein außerordentlich intelligentes Modell, das eben dies zu leisten vermag und zudem raffiniert einfach konstruiert ist, wurde von Douglas Diamond und Philip Dybvig (1983) entworfen. Es soll hier etwas ausführlicher dargestellt werden, weil daran die Stärke des Ansatzes asymmetrischer Information besonders klar erkennbar wird und man somit zu einer vorsichtigeren Bewertung von Deregulierungsvorschlägen gelangt, die für eine Welt ohne Informationsprobleme konzipiert werden.

Das Modell von Diamond und Dybvig kombiniert eine Reihe von Elementen der Theorie von Sequenzökonomien, wie sie in Teil 1 skizziert wurde. So ist bei einem unvollständigen Marktsystem die Existenz mehrerer Gleichgewichte möglich, die nach dem Pareto-Kriterium geordnet werden können. Das Pareto-inferiore Gleichgewicht besteht hier in einem Run auf die Bank, der einen Zusammenbruch des Kreditwesens und damit eine gesamtwirtschaftliche Depression zur Folge hat. Auch in der Arbeit von Diamond und Dybvig wird die Unvollständigkeit des Marktsystems mit asymmetrischer Information begründet und die Gestalt anreizverträglicher Kontrakte beschrieben.

Betrachtet wird eine Ökonomie über 3 Perioden hin mit einem Konsumgut. Jeder Haushalt verfügt in der 1. Periode über eine Einheit des Gutes. Wird das Gut in eine produktive Technologie investiert, ergibt sich nach einer Reifezeit in der 3. Periode ein Ertrag $R>1$. Bei vorzeitiger

Unterbrechung des Produktionsprozesses erhält man in der 2. Periode nur den ursprünglich investierten Betrag (1) zurück. Als Alternative zur Investition kann das Konsumgut kostenlos (ohne Verfall) gelagert werden.

Alle Haushalte sind, von der 1. Periode aus gesehen, identisch und stehen vor folgendem individuellen Risiko: sie wissen erst in der 2. Periode, ob sie zum Typ A gehören (der nur am Konsum der 2. Periode interessiert ist) oder zu Typ B (er zieht Nutzen nur aus dem Konsum der 3. Periode). Es gibt ein Kontinuum von Haushalten, wovon ein Teil t $(0<t<1)$ zum Typ A gehört. Für jeden Haushalt ist die Wahrscheinlichkeit, zu Typ A zu gehören, gleich t.

In der ersten Periode maximieren die Haushalte ihren erwarteten Nutzen. Sie haben von Periode 2 aus berechnet folgende zustandsabhängige Nutzenfunktion:

$$U = \begin{cases} U(c_2) & \text{falls Typ A} \\ \delta\, U(c_3) & \text{falls Typ B} \end{cases}$$

Die Haushalte diskontieren also den Zukunftskonsum mit der Rate δ ab. Neben den üblichen Eigenschaften der Nutzenfunktion herrsche auch abnehmende relative Risikoaversion; ferner sei $\delta R>1$.

In der Autarkiesituation investiert jeder Haushalt in die Technologie (da sie mindestens so produktiv ist wie Lagerhaltung). Typ A wird in Periode 2 den Produktionsprozess unterbrechen und eine Einheit des Konsumgutes konsumieren; Typ B läßt die Investition reifen und konsumiert den Betrag R. Für risikoaverse Haushalte wäre es nun vorteilhaft, sich gegen das Risiko "Typ A" abzusichern und einen kontingenten Kontrakt abzuschließen, um Konsum im Zustand B gegen Konsum im Zustand A zu tauschen entsprechend der Optimalbedingung:

$$U'(c^*_{2A}) = \delta\, R\, U'(c^*_{3B}).$$

Die gesamtwirtschaftliche Ressourcenbeschränkung erfordert schließlich:

$$t \cdot c^*_{2A} + ((1-t)c^*_{3B}/R) = 1.$$

Wegen $\delta R>1$ gilt: $c^*_{2A}<c^*_{3B}$. Zudem gilt bei abnehmender relativer

Risikoaversion $c^*_{2A}>1$ und $c^*_{3B}<R$.

Ein Risikokontrakt wäre also wohlfahrtssteigernd. Wenn nun aber nicht öffentlich beobachtbar ist, zu welchem Typ der einzelne Haushalt gehört, sind derartige kontingente Verträge nicht möglich, weil sie auf nicht verifizierbare private Information angewiesen wären. Ein Wettbewerbsgleichgewicht besteht demnach in der (inferioren) Autarkiesituation.

Banken sind nun in der Lage, durch die Gewährung von Liquidität (in einem genau definierten Sinn) den beschriebenen Risikoausgleich zu ermöglichen. Dies liegt daran, daß die optimale Allokation folgende self-selection-Beschränkungen erfüllt: für Typ A ist es nicht rational, anzugeben, er gehöre zu Typ B, weil $c^*_{2B}=0<c^*_{2A}$. Umgekehrt gilt für Typ B: Wenn er in der 2. Periode behauptet, er sei vom Typ A, erhält er die Menge c^*_{2A}. Er kann sie zwar bis zur nächsten Periode lagern, dies wäre aber für ihn nicht optimal, weil $c^*_{3B}>c^*_{2A}$

Diamond und Dybvig betrachten nun folgenden Einlagenkontrakt der Bank: Jeder Haushalt, der in der 2. Periode seine Einlagen abzieht, erhält, solange das Vermögen der Bank nicht erschöpft ist, einen fixen Betrag r_2. Um in dem diskreten Modell einen stetigen Strom von Entnahmen zu erfassen, nehmen sie an, daß die Einlagen der Reihe nach (in der zufälligen Reihenfolge der Aufträge) solange bedient werden, bis der Bank die Ressourcen ausgehen.
Haushalte, die ihre Einlagen in der 2. Periode nicht abziehen, erhalten in der 3.Periode einen prozentualen Anteil am restlichen Vermögen der Bank. Die Auszahlung pro Einlage hängt also in der 2. Periode folgendermaßen von der Position in der Warteschlange ab:

$$V_2(f_j,\ r_2) \begin{cases} = r_2 & \text{falls } f_j \leqslant 1/r_2 \\ = 0 & \text{falls } f_j > 1/r_2, \end{cases}$$

wobei f_j der Teil der Einlagen (von allen abhebenden Einlagen f) ist, der in der Warteschlange vor j bedient wird. Dabei ist f der Anteil aller Anleger, die in Periode 2 abheben wollen.
Die Auszahlung in der 3. Periode hängt von der Gesamtzahl der in der Vorperiode abgehobenen Einlagen ab:

$$V_3(f,\ r_2) = \text{Max} \left\{ R(1-r_2 f)/(1-f),\ 0 \right\}$$

Nach Diamond und Dybvig (1983, S. 408 f.) besteht ein mögliches Nash-

Gleichgewicht im Vertrag $r_2=c^*_{2A}$ mit optimaler Risikoallokation: die fixe Auszahlung pro Einlage entspricht dem optimalen Konsumplan von Typ A bei Versicherung mit vollständiger Information. Gegeben die Erwartung, daß alle anderen Haushalte vom Typ B ihre Einlagen nicht abheben, ist es für einen individuellen Haushalt vom Typ B optimal, seine Einlagen ebenfalls nicht in der 2. Periode abzuziehen.
Denn dann gilt: f=t, so daß Typ B in der 3. Periode den Betrag $c_{3B}=R(1-c^*_{2A}t)/(1-t) =c^*_{3B}$ erhält (vgl. die Ressourcenbeschränkung). Die Erwartungen bestätigen sich selbst; das Nash-Gleichgewicht kann folglich die optimale Ressourcenallokation verwirklichen.

Dies ist jedoch nicht das einzig mögliche Nash-Gleichgewicht. Wenn alle Haushalte in Panik geraten und versuchen, in der 2. Periode ihre Einlagen abzuheben, dann ist für jeden einzelnen Haushalt vom Typ B der erwartete Wert einer Auszahlung V_2 auch höher als sein Anspruch auf das restliche Bankvermögen in der 3. Periode.
Im Fall eines Runs auf die Bank erhält jeder Einleger einen unsicheren Ertrag mit Erwartungswert 1 (nämlich c^*_{2A} mit Wahrscheinlichkeit $1/c^*_{2A}$ (und zwar genau dann, wenn $f_j<1/c^*_{2A}$) und Null sonst). Diese Situation ist eindeutig inferior zur Autarkiesituation. Der Bankzusammenbruch bewirkt den Abbruch aller Produktionsaktivität, obwohl deren Weiterführung im Interesse der Haushalte vom Typ B läge.

Würde der Bankenzusammenbruch voll antizipiert, würden natürlich alle Haushalte die Autarkiesituation vorziehen und ihr Vermögen nicht bei der Bank anlegen. Ist jedoch die Wahrscheinlichkeit eines Bankzusammenbruchs gering (abhängig vom Eintreten schlechter Nachrichten, auf die alle Haushalte mit Panik reagieren - wie etwa einem Regierungswechsel oder dem Beobachten von Sonnenflecken), sind Bankeinlagen wegen der Risikoabsicherungsmöglichkeit (im superioren Nash-Gleichgewicht) trotzdem attraktiv. Tritt freilich ein Ereignis ein, das einen Bankzusammenbruch erwarten läßt, erfolgt dieser unausweichlich, ohne daß die finanzielle Situation der Bank darauf einen Einfluß hätte.

Ein Weg, den Zusammenbruch als mögliches Nash-Gleichgewicht auszuschließen, liegt für die Bank darin, im Fall eines zu starken Andrangs auf Abhebungen die Konvertibilität der Einlagen aufzuheben. Da die Haushalte vom Typ B bei rationalen Erwartungen die Aussetzung der Konvertibilität antizipieren, wird somit für sie der Anreiz zum vorzeitigen Einlösen aufgehoben.

Denn der Kontrakt ist nun dahingehend abgeändert, daß ein Haushalt in der 2. Periode keine Auszahlung erhält, wenn bereits ein Teil $\hat{f}$ aller Einlagen abgehoben wurde. Wie Diamond und Dybvig zeigen, sind die erwarteten Auszahlungen für Typ B nunmehr - unabhängig vom Verhalten aller anderen Haushalte - immer höher, wenn er nicht vorzeitig abhebt (es ist eine dominante Strategie).

Diese Methode funktioniert allerdings nur, wenn die Bank den Anteil t aller Haushalte vom Typ A kennt. Sie weiß dann genau, wie viele Einlagen ohne Panik abgehoben würden und kann dementsprechend die kritische Schranke $\hat{f}$ bestimmen. Ist jedoch der Anteil t eine nicht beobachtbare Zufallsvariable, kann die Aufhebung der Konvertibilität nur eine second-best-Lösung ermöglichen.
Eine staatliche Einlagensicherung dagegen garantiert nach Diamond und Dybvig auch unter diesen Umständen das Realisieren der optimalen Allokation. Die staatliche Einlagensicherung ist deshalb wohlfahrtssteigernd, weil ihr die Möglichkeit der Besteuerung von Haushalten zur Verfügung steht unabhängig von der Beschränkung der Bank, die Kunden der Reihe nach bedienen zu müssen. Die staatliche Versicherung kann daher nach Kenntnis der realisierten Zahl der Abhebungen entsprechende Steuern zur Finanzierung des Einlagenschutzes erheben.
Gegeben diesen Einlagenschutz, ist die effiziente Allokation das eindeutige, dominante Nash-Gleichgewicht: Das Wissen um den Schutz der Einlagen gewährleistet, daß Haushalte vom Typ B niemals in eine Paniksituation geraten. Damit ist die effiziente Allokation garantiert, selbst wenn eine Besteuerung verzerrende Effekte hätte, weil im Gleichgewicht die Steuern ohnehin nie erhoben werden. Die staatliche Institution verhindert in diesem Modell aufgrund ihrer Steuerhoheit, daß sich ein inferiores Gleichgewicht einstellt.

Das instruktive Modell von Diamond und Dybvig ermöglicht interessante Einsichten in die Struktur der Banktätigkeit und bietet einen überzeugenden Beitrag zum Verständnis der ökonomischen Probleme dieses Wirtschaftssektors. Freilich kann es nur einen Teil der relevanten Fragen erfassen.
Die Manager der Bank haben hier nicht die Möglichkeit, zwischen der Finanzierung verschiedener Projekte zu wählen (es gibt nur eine, deterministische Technologie). Die Principal-Agent-Relation zwischen Anleger und Bank wird somit ausgeklammert. Sie würde die Analyse erheblich komplizieren. Aufgrund des optimalen Kreditvertrages zwi-

schen Bank und Unternehmer, wie er im Abschnitt 3.2. skizziert wurde, kann es bei fehlender Einlagensicherung zu einem Konflikt zwischen den Interessen der Bank und der Kapitalanleger kommen:
Die Anleger bevorzugen Anlagen in weniger riskante Projekte, während die Bankiers zur Maximierung ihres Eigenkapitalanteils Projekte finanzieren, die im Erfolgsfall einen hohen Ertrag abwerfen (ähnliche Überlegungen finden sich auch in einer Arbeit von Sudipto Bhattacharya (1982). Ein staatlicher Zwang zur Einlagensicherung homogenisiert zwar diese divergierenden Interessen (auch für die nun geschützten Anleger sind jetzt riskante Projekte mit hohen erwarteten Erträgen von Vorteil), führt aber zu externen Effekten für diejenigen, die die Einlagensicherung finanzieren müssen (das gleiche gilt bei freiwilligen Sicherungsfonds: vorsichtig disponierende Banken müssen die Fehlschläge von risikofreudigen Konkurrenten finanzieren). Eine Einlagensicherung ohne zusätzliche regulierende Eingriffe ist nun nicht mehr optimal.

3.3.3. Ökonomische Theorie und Wirtschaftspolitik

Die bisherigen Ausführungen ergeben eine starke theoretische Fundierung von Regulierungsmaßnahmen im Bereich des Geld- und Bankenwesens. Plädoyers für freien Wettbewerb in diesem Bereich bieten deshalb keine überzeugende Alternative, weil sie entscheidende Gesichtspunkte zur Modellierung von Finanzintermediären vernachlässigen.
Die theoretische Schwäche dieser Richtung wird am deutlichsten in ihrer wohl fundiertesten Arbeit, einem Aufsatz von Robert King (1983). Er bietet eine gute Zusammenfassung der Bedingungen für ungehinderten Wettbewerb im Geldsektor sowie der sich dabei ergebenden Schwierigkeiten. King referiert eine Vielzahl von Gesichtspunkten, die eine Regulierung begründen, widerlegt sie aber durch keine theoretischen Gegenargumente. Statt dessen wechselt er in einer bemerkenswerten Änderung der Argumentationsebene zu einer empirischen Untersuchung der Free-Banking-Ära in New York vor dem amerikanischen Bürgerkrieg (zwischen 1789 und 1863).
Er zeigt, daß der damalige Zustand keineswegs so negativ beurteilt werden kann wie bisher allgemein angenommen wurde. Insbesondere findet er keine Tendenz zur Bankenkonzentration; zudem hatten Bankenzusammen-

brüche - abgesehen von einer schweren Krise - nur geringe externe Effekte. Er kommt daher zu dem Ergebnis:

"... a main lesson is that relatively unregulated private systems do not completely fall apart." (King, 1983, S. 154)

Man kann freilich bezweifeln, ob diese Erkenntnis eine beruhigende Basis für die Forderung nach freiem Wettbewerb im Geldwesen darstellen kann. So zeigen etwa Arthur Rolnick und Warren Weber (1983) in einer Arbeit, in der sie insgesamt ähnliche, sogar eindeutigere Schlüsse ziehen als King ("... it is misleading to characterize the overall free banking experience as a failure of laissez-faire banking" - Rolnick/Weber, 1983, S. 1090) daß New York während dieser Zeit über ein im Vergleich zu anderen Städten ausgesprochen stabiles Bankensystem verfügte (ganz im Gegensatz etwa zu Minneapolis - einer Stadt, in der heute die Forderung nach Deregulierung besonders stark ist).

Unabhängig von der Interpretation konkreter historischer Beispiele ist bisher in keiner Arbeit auch nur der Versuch gemacht worden zu zeigen, daß die Ineffizienzen durch Regulierung die potentiellen Ineffizienzen durch Deregulierung übersteigen. Kein Verfechter der modernen Free-Banking-Schule argumentiert anhand von Modellen, die die Funktionsweise verschiedener institutioneller Regelungen überzeugend analysieren könnten. Dementsprechend hat die Bemerkung von Lawrence Summers (1983) einiges Gewicht:

"Even one-fourth of the social loss from the first three years of the Depression would pay for centuries of micro-inefficiency induced by bank regulation."

Zum Verständnis der Depression können die in diesem Kapitel referierten theoretischen Erkenntnisse eine Menge beitragen. Das Modell von Diamond und Dybvig macht die Möglichkeit von Panikreaktionen in einer mikroökonomisch fundierten Analyse plausibel und zeigt die schädliche Wirkung eines Zusammenbruchs des Kreditsystems nicht als Folge, sondern als Ursache einer ökonomischen Depression.
Diese Überlegungen werden empirisch gestützt durch eine wichtige Arbeit von Ben Bernanke (1983). Er zeigt, daß Panikreaktionen (Bankenkrisen) während der Depression eine drastische Kontraktion verfügbarer Kredite zur Folge hatten, die von alternativen Finanzintermediären nicht ausgeglichen wurde. Nach Bernanke ist die Entwicklung des Kre-

ditvolumens eine mindestens ebenso gute ökonometrische Erklärungsvariable für den Rückgang der industriellen Produktion während der Depression wie das Geldmengenwachstum.

Gerade das Beispiel der Depression während der 30er-Jahre zeigt jedoch auch, daß jeweils bestehende Regulierungen nicht unbedingt die geeignete Antwort auf die jeweiligen Probleme bedeuten müssen. Bezogen auf die Rezession der letzten Jahre behaupten etwa Alan Blinder und Joseph Stiglitz (1983):

"Yet the Fed seems to have caused a severe disruption of economic activity, and has even done so without reducing the growth rate of money very much. We suggest that restrictions on the availabilty of credit ... may provide a better explanation of how the Fed killed the economy."

Das Unbefriedigende an der bisherigen Analyse besteht darin, daß sie zwar zum Verständnis einer Reihe von Phänomenen beiträgt, Schlußfolgerungen für eine "optimale" Gestaltung der Regulierung daraus aber nicht abgeleitet werden können. Sie rechtfertigt ja keineswegs die Behauptung, die bestehenden institutionellen Regelungen seien das adäquate Instrument angesichts neuer technologischer Innovationen im Finanzsektor. Als abschreckendes Beispiel sei ein Zitat von Robert Giffen angeführt, der 1892 gegen den Vorschlag, Papiergeld auszugeben, einwandte:

"I hardly think that of late years the enormous practical dangers of meddling with a settled monetary system, which hardly any theoretical gain would compensate, have been sufficiently realized by our younger economists, fresh from the universities but little acquainted with the conditions of money and business, and I trust that what has been said here will be of some use as a caution."(zitiert nach Fischer, 1983, S. 15)

Ziel dieses Kapitals war es, zu zeigen, daß ein inadäquater theoretischer Ansatz zu voreiligen Schlußfolgerungen verleiten kann. Um brauchbare theoretische Erkenntnisse zur Fundierung wirtschaftspolitischer Aussagen zu gewinnen, ist jedoch weitere Forschungsarbeit in der hier angedeuteten Richtung erforderlich - es sei denn, man stellt sich auf den Laissez-Faire-Standpunkt, die jeweils beste institutionelle Form werde sich automatisch durchsetzen.

Verzeichnis spezieller Symbole

a	= e+q(e) Summe aus Erstausstattung und Bruttoauszahlung der Versicherung
c	Konsumplan
d	mögliches Ereignis
D	Menge aller möglichen Ereignisse
e	Erstausstattung
f	Wahrscheinlichkeitsdichte
g	Allokationsregel g(v) in Abhängigkeit von der Mitteilung v
i	I Haushalte i
k	Verifikationskosten
m	Realgeldmenge M/p
M	Geldmenge
n	Wachstumsrate
p	Güterpreis in Geldeinheiten
q	Bruttoauszahlung der Versicherung
r	Zins, Realertrag
R	Ertrag
s	möglicher Zustand
S	Menge aller möglichen Zustände
T	Transfer (T>0) oder Steuerzahlung (T<0)
u	Unternehmen
v	Mitteilung
V	Verifikationsregion
V_C	Komplement zu V
w	Vermögen
x	Lagerhaltung
y	Produktionsplan eines Unternehmens
z	Nettotransaktion
α	Ertrag auf Lagerhaltung
ß	Prämienzahlung an die Versicherung
δ	$=1/(1+\rho)$ Diskontrate
θ	Unternehmensanteil von Haushalt i an Unternehmen u
λ	Grenznutzen des Geldes
π	Inflationsrate
ρ	Zeitpräferenzrate

Anmerkungen:

Kapitel 1.1.

1) Eine ebenso knappe wie präzise Darstellung findet sich in Debreu (1959), Kapitel 6. Zum Effizienzkonzept vgl. auch Arrow/Hahn (1971), Kapitel 4.

2) Vgl. dazu insbesondere die hervorragende zusammenfassende Darstellung in Radner (1982),S. 930 f.

3) Es ist wichtig, sich bewußt zu sein, daß eine solche Aussage keineswegs aus der Arrow-Debreu-Theorie abgeleitet werden kann. Demgemäß ist äußerste Skepsis gegenüber allen Argumenten angebracht, die in irgendeiner Form implizit die Gültigkeit dieses Paradigmas unterstellen und, darauf aufbauend, konkrete wirtschaftspolitische Ratschläge für monetäre Ökonomien geben.

4) Einen umfassenden Überblick über die Analyse geldtheoretischer Fragestellungen mit Hilfe der Theorie temporärer Gleichgewichte liefert Grandmont (1983). Vgl. auch die Anmerkungen von Radner (1982), S. 949 ff.

5) So hat etwa Roman Frydman (1982) gezeigt, daß für eine Vielzahl von Modellen individuell rationale ökonometrische Voraussagen, die die verfügbare Information auf der Basis einer korrekten Modellspezifikation optimal nutzen, nicht zu einem rationalen Erwartungsgleichgewicht konvergieren.

6) Im Rahmen von Ungleichgewichtsmodellen (Suchmodellen) wird Geld z.B. von Diamond (1984) analysiert.

Kapitel 1.2.

1) Da es hier nicht darum geht, möglichst allgemeine Aussagen abzuleiten, wird angenommen, die Präferenzordnung sei durch eine intertemporale Nutzenfunktion im von Neumann/Morgensternschen Sinn darstellbar.

2) Diese Beschreibung einer Sequenzökonomie wurde von Gale (1982) als Vereinfachung einer Arbeit von Hart (1975) formuliert. Sie ist eine Verallgemeinerung des Modells von Radner (1972), die es auch erlaubt, Wertpapiere (als Anspruch auf Konsumgüterbündel) zu erfassen.

3) Zur Wertung vgl. die Ausführungen am Ende von Kapitel 1.1.

4) Die Bedeutung der Gestalt von Budgetrestriktionen für die Frage, ob eine Sequenzökonomie essentiell ist (d.h. verschieden von einer Arrow-Debreu-Allokation), wird (in einem anderen Zusammenhang) auch von Starrett (1973) und Hahn (1973a) betont.

5) Das Konzept beschränkter Effizienz ist ein relativ junges Forschungsgebiet. Wegweisende Arbeiten lieferten insbesondere Diamond (1965), Dreze (1974), Hart (1975) und Grossman (1977). Vgl. dazu auch Stiglitz (1982), Newbery/Stiglitz (1982) sowie Makowski (1983).

6) Die Annahme multipler Gleichgewichte ist für das Beispiel wesentlich. Bedingungen für ein eindeutiges Gleichgewicht sind freilich ohnehin recht restriktiv: die Güter müssen "gross substitutes" sein - eine Beschränkung, die wenig ökonomische Plausibilität aufweist (vgl. Arrow/Hahn (1971), Kapitel 9). Hart (1975) zeigt zudem,daß bei unvollständigen Märkten selbst die Erfüllung der "gross substitute"-Bedingung nicht die Eindeutigkeit eines Gleichgewichts garantiert werden kann, weil es mehr als eine Budgetrestriktion gibt.

7) S. z.B. Azariadis (1981) oder Cass/Shell (1983). Letztere demonstrieren, daß das "Sonnenfleckenphänomen" sich wesentlich verallgemeinern läßt. Multiple Gleichgewichte etwa, wie sie hier zur Illustration dienten, sind keine notwendige Voraussetzung.

8) Grossman (1977). Grossman/Hart (1979) verallgemeinerten diesen Ansatz auf mehrere Perioden. Eine Erweiterung nahm auch Gale (1982) mit dem Konzept der V-Effizienz vor.

9) "Assume that, because of the incompleteness of markets, the central planner's coordination of allocations across time and states of the world is limited and that, as a result, the economy operates as if it is run by a group of planners with no coordination. Let there be a different planner at each date and in each event. Assume that the planner at each date-event is permitted to make arbitrary transfers of goods using only the markets which are open in the competitive economy, but that there is no coordination of actions between planners at different date-events - in other words, the planners play a Nash game with each other. Define an allocation to be a social Nash optimum (SNO) if, given the actions of other planners, each planner's transfers are Pareto optimal." Grossman/Hart (1979), S. 316.

10) Die Konstruktion ist daher auch recht umstritten: vgl. etwa die Bemerkungen von Grossman/Stiglitz (1980), S. 550 (Anm 4): "In our view each consumer consumes a small enough proportion of the total ... output to act as a price taker; however, each consumer would have a much higher marginal rate of substitution if he had to halve his ... consumption. This is because even though any consumer's consumption is small relative to total production, it is large relative to his needs."

11) Einen ausgezeichneten Überblick über den gegenwärtigen Kenntnisstand der Theorie unvollkommenen Wettbewerbs bietet Hart (1983).

Kapitel 1.3.

1) Einen umfassenden allgemeinen Überblick über zulässige Allokationen bei privater Information und die Problematik von Effizienzkonzepten in diesem Zusammenhang liefern Holmström/Myerson (1983) sowie Prescott/Townsend (1984). Vgl. ebenfalls Harris/ Townsend (1981).

Kapitel 2.1.

1) Zeitliche Unabhängigkeit der Zufallsvariablen ist eine etwas kuriose Annahme, wenn die betrachteten Zeitintervalle sehr kurz sind. Es wäre weit sinnvoller, eine gewisse Korrelation vorauszusetzen. Solche allgemeineren stochastischen Prozesse behandelt Bewley (1980).

2) Risikoneutrales Verhalten wird unterstellt, weil im folgenden davon ausgegangen wird, daß Versicherungen eine hinreichend große Zahl von Kunden (mit unabhängigen Risiken) haben, um eine sichere Kalkulation zu ermöglichen.

3) Diese Technik wird z.B. bereits in Arrow/Hahn (1971), S. 348 ff. verwendet.

4) Die mathematische Struktur wird von Schechtman (1976) und Schechtman/Escudero (1977) übernommen. Vgl. aber auch Bewley (1980, 1983) und Hellwig (1982).

5) Im Zusammenhang mit dem Moral-Hazard Problem verwenden Radner (1981) und Rubinstein/Yaari (1983) die Theorie der Repeated Games, um optimale Strategien zur Gestaltung von Versicherungsverträgen zu entwickeln.

Kapitel 2.2.

1) Zur Kritik der monetaristischen Modelle vgl. etwa Hahn (1982), S. 71 ff. S. auch Gale (1982), S. 45 ff.

2) Stanley Fischer (1981) schätzt anhand dieser Überlegungen mit beneidenswerter Exaktheit den jährlichen Wohlfahrtsgewinn einer Reduktion der Inflationsrate von 10 % auf 0% in den USA auf 7,8 Mrd. US $ (etwa 0,3 % des Bruttonationalprodukts).

3) Die Idee einer optimalen Geldmenge wird von vielen Autoren vertreten. Am bekanntesten ist der Aufsatz von Friedman (1969). Vgl. aber auch z.B. Johnson (1970). Einen knappen Überblick über die Literatur zur optimalen Geldmenge liefern u.a. Barro/Fischer (1976) und Bewley (1980), S. 182. Diese Theorie war freilich von Anfang an stark umstritten. Vgl. etwa die kritischen Arbeiten von Clower (1970), Hahn (1971) und Grandmont/ Younes (1973). Die hier formulierten Einwände versuchen, die Kritik von Hahn (1971) zu fundieren; sie stützen sich dabei auf Hellwig (1982) und Bewley (1983).

4) Vgl. z.B. Fishburn/Rubinstein (1982) und die dort angegebene Literatur.

Kapitel 2.3.

1) So wird üblicherweise in Modellen mit Transaktionskosten verfahren (vgl. etwa Niehans (1978). S. auch Kapitel 2.4.

2) Diese Meinung vertreten auch Brunner/Meltzer (1971), S. 785 und Bryant (1980), S. 234.

3) Dazu Samuelson (1958), S. 482: "Why should prices be stable? On what tablets is that injunction written? Perhaps the function of money, if it is to serve as an optimal store of wealth, is to change in its value as to create that optimal pattern of lifetime saving which could otherwise be established only by alternative social contrivances.

4) Für ein Beispiel der Ineffizienz einer Politik der Stabilisierung des Preisniveaus s. Sargent/Wallace (1982).

5) Tobin (1980), S. 88 f. und Hahn (1982), S. 24 werfen dem Overlapping-Generation Ansatz vehement vor, dies nicht leisten zu können.

6) Bryant/Wallace (1979). Vgl. auch Sargent/Wallace (1982). Einen ausgezeichneten Überblick zu diesem Thema liefert Wallace (1980), S. 73 ff. Vgl. auch Bryant/Wallace (1984).

Kapitel 2.4.

1) Der Abschnitt ist eine verbale Zusammenfassung von Gale (1978). Ein Überblick sowie Erweiterungen finden sich auch in Gale (1982).

2) Entscheidende Beiträge lieferten Cass/Okuno/Zilcha (1979) und Wallace (1980). Vgl. aber auch Balasko/ Shell (1981a), Hahn (1982) und Okuno/Zilcha (1983).

3) Z.B. Bryant/Wallace (1979, 1980), Wallace (1981) und Sargent/-Wallace (1982, 1983).

4) Die Darstellung stützt sich im wesentlichen auf Cass/ Okuno/-Zilcha (1980). Vgl. auch Hahn (1982).

5) Eine hervorragende Kritik liefert Tobin (1980). Interessante kritische Anmerkungen finden sich auch in Hahn (1982). Dagegen ist die Kritik von McCallum (1983) etwas dürftig (s.u.).

6) Wegweisende Arbeiten sind Hahn (1973a), Starrett (1973) und Heller/Starr (1976). Einen Überblick über diese Literatur bieten Ulph/Ulph (1975) und Niehans (1978).

7) So auch Gale (1982), S. 188: "It is information costs that lie at the bottom of any difference between money and other assets."

8) Vgl. z.B. Arrow/Hahn (1971), S. 350, Heller/Starr (1976) und Benhabib/Bull (1983). In vielen Modellen ist nur intertemporaler Austausch kostspielig, z. B. in Hahn (1973a) und Starrett (1973).

9) Auf diese Frage wird in den besprochenen Arbeiten nicht überzeugend eingegangen. Vgl. das angeführte Zitat von Heller/Starr (1976) oder folgende Aussage im Übersichtsartikel von Ulph/Ulph (1975), S. 365: "We avoid here questions of why money might have or ought to have these properties." Zur Natur von Transaktionskosten vgl. auch die Bemerkungen von Niehans (1978), S. 62 f.

10) Vgl. zur Kritik am Transaktionskostenansatz auch die Ausführungen in Kareken/Wallace (1980b), S.5 sowie insbesondere folgendes treffende Zitat von Bryant (1980), S. 234 f.: "...the crucial frictions for valued fiat money involve contracts, not the technology of the physical exchange of goods."

11) Diese von Clower (1967) formulierte Bedingung verwenden u.a. Grandmont/Younes (1973), Hahn (1982) und Svensson (1983).

Kapitel 3.1.

1) Die Autoren variieren stark bei der Wahl eines entsprechenden Güterbündels: Hall (1982a) diskutiert Goldstandard und andere Warenkörbe, Engels (1981) schlägt eine Indexierung auf Portfolioanteile vor.

2) Ein ähnliches Resultat ergibt sich in den Modellen von Sargent/-Wallace (1982, 1983), weil sie annehmen, daß Geld und private Kredite perfekte Substitute darstellen.

3) Ähnlich argumentiert Bernanke (1983), S. 263. Auch King (1983), S. 128 f. erkennt dies an.

Kapitel 3.2.

1) Entsprechende Modelle sind z.B. von Stiglitz/Weiss (1981, 1983) entwickelt worden.

2) Die angeführten Überlegungen basieren stark auf Townsend (1979).

3) Von der gleichen Grundstruktur ausgehend, entwickeln Douglas Gale und Martin Hellwig (1983) einen allgemeineren Ansatz, der optimale anreizkompatible Kreditkontrakte zwischen einer Bank und einem Investor bei variablem Investitionsniveau untersucht. Sie zeigen, daß eine höhere Eigenkapitalfinanzierung (oder ein steigender Zinssatz) keine eindeutigen Wirkungen hat: wegen des gleichzeitigen Effekts auf das Investitionsniveau kann eine höhere Selbstfinanzierung sowohl zu einer steigenden wie einer abnehmenden Bankrottregion führen.

4) Vgl. Townsend (1979), S. 270 f.

5) Die folgenden Ausführungen fassen Überlegungen von Stiglitz/Weiss (1981, 1983) zusammen. Die Autoren gehen allerdings von einer gegebenen Kontraktstruktur aus, ohne diese als optimalen anreizverträglichen Kontrakt abzuleiten.

Literaturverzeichnis

Arrow, K. (1963), The Role of Securities in the Optimal Allocation of Risk-Bearing, Review of Economic Studies 31, 91 - 96.

Arrow, K. (1971), Essays in the Theory of Risk-Bearing, Amsterdam.

Arrow, K. (1974), Limited Knowledge and Economic Analysis, American Economic Review 64, 1 - 10.

Arrow, K. und Hahn, F. (1971), General Competitive Analysis, Amsterdam.

Azariadis, C. (1981), Self-Fulfilling Prophecies, Journal of Economic Theory 25, 380 - 396.

Balasko, Y. und Shell, K. (1981a), The Overlapping-Generations Model, II: The Case of Pure Exchange with Money, Journal of Economic Theory 24, 112 - 142.

Balasko, Y. und Shell, K. (1981b), Erratum, Journal of Economic Theory 25, 471.

Barro, R. und Fischer, S. (1976), Recent Developments in Monetary Theory, Journal of Monetary Economics 2, 133 - 167.

Benhabib, J. und Bull, C. (1983), The Optimal Quantity of Money: A Formal Treatment, International Economic Review 24, 101 -111.

Bernanke, B. (1983), Nonmonetary Effects of the Financial Crisis in the Propagation of the Great Depression, American Economic Review 73, 257 -276.

Bester, H. (1984), Screening versus Rationing in Credit Markets with Imperfect Information, Discussion Paper, Universität Bonn.

Bewley, T. (1980), The Optimum Quantity of Money, in: Kareken/ Wallace (1980), 169 -210.

Bewley, T. (1983), A Difficulty with the Optimum Quantity of Money, Econometrica 51, 1485 - 1504.

Bhattacharya, S. (1982), Aspects of Monetary and Banking Theory and Moral Hazard, Journal of Finance 37, 371 -384.

Bilson, J. (1981) A Proposal for Monetary Reform, Working Paper, Stanford University.

Black, F. (1970), Banking and Interest Rates in a World Without Money, Journal of Bank Research 1, 8 -28.

Blinder, A. und Stiglitz, J. (1983), Money, Credit Constraints and Economic Activity, American Economic Review 73, Papers and Proceedings, 297 -302.

Brunner, K. und Meltzer, A. (1971), The Uses of Money: Money in the Theory of an Exchange Economy, American Economic Review 61, 784 - 805.

Bryant, J. (1980), Transactions Demand for Money and Moral Hazard, in: Kareken/Wallace (1980), 233 - 241.

Bryant, J. und Wallace, N. (1979), The Inefficiency of Interest-Bearing National Debt, Journal of Political Economy 87, 365 - 381.

Bryant, J. und Wallace, N. (1984), A Price Discrimination Analysis of Monetary Policy, Review of Economic Studies 51, 279 -288.

Calvo, G. (1978), On the Time Consistency of Optimal Policy in a Monetary Economy, Econometrica 46, 83 -103.

Cass, D., Okuno, M. und Zilcha, I. (1979), The Role of Money in Supporting the Pareto Optimality of Competitive Equilibrium in Consumption Loan Type Models, Journal of Economic Theory 20, 41 -80.

Cass, D. und Shell, K. (1983), Do Sunspots Matter? Journal of Political Economy 91, 193 -227.

Clower, R. (1967), A Reconsideration of the Microfoundations of Monetary Theory, Western Economic Journal 6, 1 -9.

Clower, R. (1970), Is there an Optimal Money Supply?, Journal of Finance 25, 425 - 433.

DeAngelo, H. (1981), Competition and Unanimity, American Economic Review 71, 18 - 27.

Debreu, G. (1959), Theory of Value, Yale.

Diamond, D. und Dybvig, P. (1983), Bank Runs, Deposit Insurance, and Liquidity, Journal of Political Economy 91, 401 - 419.

Diamond, P. (1967), The Role of a Stock Market in a General Equilibrium Model with Technological Uncertainty, American Economic Review 57, 759 - 776.

Diamond, P. (1984), Money in Search Equilibrium, Econometrica 52, 1 - 20.

Dreze, J. (1974), Investment under Private Ownership: Optimality, Equilibrium and Stability, in: Dreze, J., (ed.), Allocation under Uncertainty: Equilibrium and Optimality, London/ Basingstoke, 129 - 166

Engels, W. (1981), The Optimal Monetary Unit, Frankfurt.

Fama, E. (1980), Banking in the Theory of Finance, Journal of Monetary Economics 6, 39 - 57.

Fama, E. (1983), Financial Intermediation and Price Level Control, Journal of Monetary Economics 12, 7 - 28.

Fischer, S. (1981), Towards an Understanding of the Costs of Inflation: II, in: Brunner, K. und Meltzer, A. (eds.), Carnegie Rochester Conference Series on Public Policy 15, 5 - 42.

Fischer, S. (1983), A Framework for Monetary and Banking Analysis, Economic Journal 93, 1 -16 Supplement.

Fishburn, P. und Rubinstein, A. (1982), Time Preference, International Economic Review 23, 677 -694.

Friedman, M. (1969), The Optimum Quantity of Money, in: The Optimum Quantity of Money and Other Essays, Chicago, 1 - 50.

Frydman, R. (1982), Towards an Understanding of Market Processes: Individual Expectations, Learning, and Convergence to a Rational Expectations Equilibrium, American Economic Review 72, 652 -668.

Gale, D. (1978), The Core of a Monetary Economy without Trust, Journal of Economic Theory 19, 456 -491.

Gale, D. (1980), Money, Information and Equilibrium in Large Economies, Journal of Economic Theory 23, 28-65.

Gale, D. (1982), Money: in Equilibrium, Cambridge.

Gale, D. und Hellwig, M. (1983), Incentive Compatible Debt Contracts I: The One-Period Problem, Discussion Paper, London School of Economics.

Grandmont, J. M. (1983), Money and Value, Cambridge.

Grandmont, J. M. und Younes, Y. (1973), On the Efficiency of a Monetary Equilibrium, Review of Economic Studies 40, 149 - 165.

Greenfield, R. und Yeager, L. (1983), A Laissez-Faire Approach to Monetary Stability, Journal of Money, Credit and Banking 15, 302 -315.

Grossman, S. (1977), A Characterisation of the Optimality of Equilibrium in Incomplete Markets, Journal of Economic Theory 15, 1 - 15.

Grossman, S. (1981), An Introduction to the Theory of Rational Expectations Under Asymmetric Information, Review of Economic Studies, 48, 541 - 559.

Grossman, S. und Hart, O. (1979), A Theory of Competitive Equilibrium in Stock Market Economies, Econometrica 47, 293 -329.

Grossman, S. und Stiglitz, J. (1980), Stockholder Unanimity in Making Production and Financial Decisions, Quarterly Journal of Economics, 94, 543 - 566.

Hahn, F. (1965), On some Problems of Proving the Existence of an Equilibrium in a Monetary Economy, in: Hahn, F. und Brechling, F. (eds.), The Theory of Interest Rates, London, 126 - 135.

Hahn, F. (1971), Professor Friedman's Views on Money, Economica 38, 61 - 80.

Hahn, F. (1973a), On Transactions Costs, Inessential Sequence Economies and Money, Review of Economic Studies 40, 449 - 461.

Hahn, F. (1973b), On the Foundations of Monetary Theory, in: Parkin, M. und Nobay, A., Essays in Modern Economics, London, 230 - 242.

Hahn, F. (1982), Money and Inflation, Oxford.

Hall, R. (1982a), Explorations in the Gold Standard and Related Policies for Stabilizing the Dollar, in: Hall, R. (ed.), Inflation, Chicago.

Hall, R. (1982b), Monetary Trends in the United States and the United Kingdom: A Review from the Perspective of New Developments in Monetary Economics, Journal of Economic Literature 20, 1552 -1556.

Harris, M. und Townsend, R. (1981), Resource Allocation under Asymmetric Information, Econometrica 49, 33 -64.

Hart, O. (1975), On the Optimality of Equilibrium when Markets are Incomplete, Journal of Economic Theory 11, 418 -443.

Hart, O. (1979), On Shareholder Unanimity in Large Stock Market Economies, Econometrica 47, 1057 -1083.

Hart, O. (1983), Imperfect Competition in General Equilibrium: An Overview of Recent Work, Discussion Paper, London School of Economics.

Hayek, F. (1977), Die Entnationalisierung des Geldes, Tübingen.

Heller, W. und Starr, R. (1976), Equilibrium with Non-convex Transaction Costs: Monetary and Non-monetary Economies, Review of Economic Studies 43, 195 - 215.

Hellwig, M. (1982), Precautionary Money Holding and the Payment of Interest on Money, Discussion Paper, Universität Bonn.

Holmström, B. und Myerson, R. (1983), Efficient and Durable Decision Rules with Incomplete Information, Econometrica 51, 1799 - 1819.

Kareken, J. und Wallace, N. (eds.) (1980), Models of Monetary Economies, Minneapolis.

Kareken, J. und Wallace, N. (1980b), Introduction, in: Kareken/ Wallace (1980), 1 -9.

King, R. (1983), On the Economics of Private Money, Journal of Monetary Economics 12, 127 -158.

Klein, B. (1974), The Competitive Supply of Money, Journal of Money, Credit and Banking 6, 423 -453.

Koopmans, T. (1960), Stationary Ordinal Utility and Impatience, Econometrica 28, 287 - 309.

Makowski, L. (1980), A Characterization of Perfectly Competitive Economies with Production, Journal of Economic Theory 22, 208 -221.

Makowski, L. (1983a), Competitive Stock Markets, Review of Economic Studies 50, 305 - 330.

Makowski, L. (1983b), Competition and Unanimity Revisited, American Economic Review 73, 329 -339.

McCallum, B. (1983), The Role of Overlapping-Generations Models in Monetary Economics, in: Carnegie-Rochester Conference Series on Public Policy 18, 9 -44.

Modigliani, F. und Miller, M. (1958), The Cost of Capital, Corporation Finance and the Theory of Investment, American Economic Review 48, 261 -297.

Newbery, D. und Stiglitz, J. (1982), The Choice of Techniques and the Optimality of Market Equilibrium with Rational Expectations, Journal of Political Economy 90, 223 -246.

Niehans, J. (1978), The Theory of Money, Baltimore.

Okuno, M. und Zilcha, I. (1983), Optimal Steady-State in Stationary Consumption-Loan Type Models, Journal of Economic Theory 31, 355 - 363.

Ostroy, J. (1980), The No-Surplus Condition as a Characterization of Perfectly Competitive Equlibrium, Journal of Economic Theory 22, 183 -207.

Phelps, E. (1973), Inflation in the Theory of Public Finance, Swedish Journal of Economics, 75, 67 -82.

Prescott, E. und Townsend, R. (1984), Pareto Optima and Competitive Equilibria with Adverse Selection and Moral Hazard, Econometrica 52, 21 - 45.

Radner, R. (1968), Competitive Equilibrium under Uncertainty, Econometrica 36, 31 - 58.

Radner, R. (1972), Existence of Plans, Prices and Price Expectations in a Sequence of Markets, Econometrica 40, 289 - 303.

Radner, R. (1981), Monitoring Cooperative Agreements in a Repeated Principal-Agent Relationship, Econometrica 49, 1127 -1148.

Radner, R. (1982), Equilibrium under Uncertainty, in: Arrow, K. und Intriligator, M. (eds.), Handbook of Mathematical Economics II, Amsterdam 1982, 923 - 1006.

Rolnick, A. und Weber, W. (1983), New Evidence on the Free-Banking Era, American Economic Review 73, 1080 -1091.

Ross, S. (1977), The Determination of Financial Structure: The Incentive-Signalling Approach, Bell Journal of Economics 8, 23 -40.

Rubinstein, A. und Yaari, M. (1983), Repeated Insurance Contracts and Moral Hazard, Journal of Economic Theory 30, 74 - 97.

Samuelson, P. (1958), An Exact Consumption-Loan Model of Interest with or without the Social Contrivance of Money, Journal of Political Economy 66, 467 - 482.

Sargent, T. und Wallace, N. (1982), The Real Bills Doctrine vs the Quantity Theory: A Reconsideration, Journal of Political Economy 90, 1212 - 1236.

Sargent, T. und Wallace, N. (1983), A Model of Commodity Money, Journal of Monetary Economics 12, 163 -187.

Schechtman, J. (1976), An Income Fluctuation Problem, Journal of Economic Theory 12, 218 - 241.

Schechtman, J. und Escudero, V. (1977), Some Results on "An Income Fluctuation Problem", Journal of Economic Theory 16, 151 -166.

Shell, K. (1971), Notes on the Economics of Infinity, Journal of Political Economy 79, 1002 -1012.

Stiglitz, J. (1982), The Inefficiency of the Stock Market Equilibrium, Review of Economic Studies 49, 241 - 261.

Stiglitz, J. und Weiss, A. (1981), Credit Rationing in Markets with Imperfect Information, American Economic Review 71, 393 - 410.

Stiglitz, J. und Weiss, A. (1983), Incentive Effects of Terminations: Applications to the Credit and Labor Markets, American Economic Review 73, 912 -927.

Summers, L. (1983), Comments zu King (1983), Journal of Monetary Economics 12, 159 -162.

Svensson, L. (1983), Money and Asset Prices in a Cash-in-Advance Economy, Discussion Paper, Stockholm.

Tobin, J. (1980), Discussion, in: Bryant/Wallace (1980).

Townsend, R. (1979), Optimal Contracts and Competitive Markets with Costly State Verification, Journal of Economic Theory 21, 265 - 293.

Townsend, R. (1980), Models of Money with Spatially Separated Agents, in: Kareken/Wallace (1980), 265 -303.

Townsend, R. (1982), Optimal Multiperiod Contracts and the Gain from Enduring Relationships under Private Information, Journal of Political Economy 90, 1166 - 1186.

Townsend, R. (1983), Theories of Intermediate Structures, in: Carnegie Rochester Conference Series on Public Policy 18, 221 -272.

Ulph, A. und Ulph, D. (1975), Transaction Costs in General Equilibrium Theory - A Survey, Economica 42, 355 - 371.

Wallace, N. (1980), The Overlapping Generation Model of Fiat Money, in: Kareken/Wallace (1980), 49 - 82.

Wallace, N. (1981), A Modigliani-Miller Theorem for Open-Market Operations, American Economic Review 71, 267 - 274.

Studies in Contemporary Economics

Volume 6

I. Böbel

Wettbewerb und Industriestruktur

Industrial Organization-Forschung im Überblick

1984. XIV, 336 Seiten. ISBN 3-540-13143-4

Inhaltsübersicht: Einführung. - Eine Übersicht über vorliegende empirische Untersuchungen des Zusammenhangs zwischen Gewinn, Konzentration und verschiedenen Wettbewerbsparametern. - Die empirische Messung der durch Marktmacht verursachten statischen Wohlfahrtsverluste. - Anmerkungen. - Literaturverzeichnis. - Namenverzeichnis. - Sachverzeichnis.

Volume 5

J. Dermine

Pricing Policies of Financial Intermediaries

1984. VII, 174 pages. ISBN 3-540-13080-2

Contents: Introduction. - The nature of financial intermediation. - The simultaneity issue in deposit and credit rate setting. - Deposit rate setting by financial intermediaries. - The interest rate on saving deposits in Belgium: 1962–1978. - Credit rate setting by financial intermediaries. - Interest rate setting and risk sharing. - The commercial loan rate in Belgium: 1966–1980. - Interest rate setting and bank regulation. - Data sources and data construction. - References.

Volume 4

B. Hamminga

Neoclassical Theory Structure and Theory Development

An Empirical-Philosophical Case Study Concerning the Theory of International Trade

1983. IX, 174 pages. ISBN 3-540-12816-6

Volume 3

W. Gaab

Devisenmärkte und Wechselkurse

Eine theoretische und empirische Analyse

1983. VII, 305 Seiten. ISBN 3-540-12615-5

Volume 2

Philosophy of Economics

Proceedings, Munich, July 1981

Editors: **W. Stegmüller, W. Balzer, W. Spohn**

1982. VIII, 306 pages. ISBN 3-540-11927-2

Volume 1

W. Gebauer

Realzins, Inflation und Kapitalzins

Eine Neuinterpretation des Fisher-Theorems

1982. XVI, 261 Seiten. ISBN 3-540-11839-X

Springer-Verlag Berlin Heidelberg New York Tokyo

GPSR Compliance

The European Union's (EU) General Product Safety Regulation (GPSR) is a set of rules that requires consumer products to be safe and our obligations to ensure this.

If you have any concerns about our products, you can contact us on ProductSafety@springernature.com

In case Publisher is established outside the EU, the EU authorized representative is:

Springer Nature Customer Service Center GmbH
Europaplatz 3
69115 Heidelberg, Germany

Batch number: 10844827

Printed by Printforce, the Netherlands